Giovanni Gentile

Il figlio di Giambattista Vico

e gli inizi dell'insegnamento di letteratura italiana nella Regia Università di Napoli (con documenti inediti)

Saggio introduttivo
di *Federico Reggio*

Premessa
di *Mirko Rizzotto*

Primiceri editore
PADOVA

Finito di stampare nel mese di novembre 2023
presso Rotomail Italia Spa – Vignate (MI)
per conto di Primiceri Editore
Via Savonarola 217, 35137 Padova
ISBN 978-88-3300-331-3
Prima Edizione
www.primicerieditore.com

Collana Biblioteca Storica diretta da Mirko Rizzotto

In copertina: ritratto di Giambattista Vico
Francesco Solimena (1657–1747)

INDICE

Non all'ombra ma alla luce del padre.
Brevi note su Gennaro Vico, successore del padre Giambattista nella Cattedra di Retorica all'Università di Napoli

Ettore si sfila l'elmo, lo pone a terra e può abbracciare il figlio, ora che il volto rassicurante del padre emerge da sotto il cimiero. Formulando un augurio per il futuro, alza il figlio, protendendolo verso l'alto con le braccia e con il pensiero[1]. "Questo gesto sarà per tutti i tempi il marchio del padre" – come osserva Luigi Zoja: "Ettore prega per il bambino, sfidando le leggi dell'epica in suo favore"[2]. Ma qual è, dunque, questa sfida, rivoluzionaria, di Ettore padre? La vera rivoluzione risiede nell'augurio che egli pronuncia a favore del figlio: "*Zeus e voi altri dei, rendete forte questo mio figlio. E che un giorno, vedendolo tornare dal campo di battaglia, qualcuno dica: È molto più forte del padre*"[3].

L'eroe per antonomasia, eroe tanto umano quanto immortale per la sua capacità di affrontare l'ineluttabile destino di morte sapendo che l'opzione più autentica non è necessariamente quella che fa salva la vita mortale[4], auspica un destino ancora più grande per il figlio Astianatte.

---

[1] Cfr. Omero, *Iliade*, VI, vv. 623-635.

[2] L. Zoja, *Il gesto di Ettore. Preistoria, storia, attualità e scomparsa del padre*, Bollati Boringhieri, Milano 2003, *passim*.

[3] "Giove pietoso / E voi tutti, o Celesti, ah concedete / Che di me degno un dì questo mio figlio / Sia splendor della patria, e de' Troiani / Forte e possente regnator. Deh fate / Che il veggendo tornar dalla battaglia / Dell'armi onusto de' nemici uccisi, / Dica talun: Non fu sì forte il padre" (Iliade, vv. 628-635).

[4] Qui si rinverrebbe anche l'origine e l'originario del concetto di 'dialettizzare', come osservato in F. Cavalla, *Focus V – Digressione: Ettore, Achille, la dialettica e l'immortale*, in S. Fuselli – P. Moro (a cura di). *Al principio. Invito alla Filosofia del Diritto*, FrancoAngeli, Milano 2022, pp. 124-126. Si veda, altresì, F. Chiereghin, *Il problema del nascere e del perire come approssimazione all'origine di analitica e dialettica*, in: "Verifiche", 1980, pp. 49-85.

Sapremo che non sarà così, e ciò rende ancora più struggente e terribile la narrazione omerica. Eppure essa, nella sua capacità di toccare temi universali – come tipico dell'*epos* – ci dice qualcosa sulla dimensione dialettica che, nel rapporto padre-figlio, evidenzia la tensione che si gioca tra la proiezione e lo slancio verso il futuro e l'imponderabile che esso sempre rappresenta. Il padre come principio vitale che, nell'imprimere vita, nel guidare nella vita, guarda lontano per il proprio figlio, sa, in fin dei conti, che il destino del figlio sarà, per una parte del suo cammino nel tempo, qualcosa che gli sfugge e non può che restare nell'ambito dell'auspicio, dell'affidare e affidarsi agli dei.

Cosa auspicava dunque – ci chiediamo – Giambattista Vico per suo figlio Gennaro? Come lo guardò questo padre amorevole che, a quanto apprendiamo, nell'occuparsi dei figli e nel giocare con loro trovava un sorriso e un sollievo, a dispetto di quel carattere che egli stesso definiva "melanconico ed acre"? E, soprattutto, come corrispose Gennaro alle aspettative paterne?

Gennaro ha certo dato soddisfazione al padre Giambattista ma non è riuscito a uguagliarne la statura e la fama[5]. Non per questo è vissuto solo alla sua ombra, però,

---

[5] È vero che il padre l'aveva definito *puer ingeniosus*; ma, si capisce, il padre aveva cuore di padre… è tuttavia vero che il dottissimo domenicano Nicola Concina, docente di metafisica nell'Ateneo di Padova, scriveva al vecchio maestro di retorica: "mi riverisca quel suo figliuolo che intendo essere di una grande espettazione"; e così anni dopo il Cappellano Maggiore del Regno di Napoli (il Rettore Magnifico dei giorni nostri) Celestino Galiani inviava al sovrano una consulta in favore di Gennaro, dicendolo "giovane d'abilità, che nell'esercizio della cattedra incontra tutto l'applauso" (così viene ricordato Gennaro Vico in un interessante e breve articolo di Salvatore Maria Sergio in https://jurisnews.net/2018/11/12/elogio-di-gennaro-il-figlio-dimenticato-di-giambattista-vico/). Sui rapporti epistolari tra Vico e Concina, specchio della grande intesa intellettuale e della stima intercorsa tra i due intellettuali, cfr. P. Nonis, *Daniele e Niccolò Concina: Filosofia e Religione attorno a una cattedra*

come apprendiamo dal testo con cui Giovanni Gentile cercò di restituire una storia della figura di Gennaro Vico, e, attraverso questo studio, di parlare anche del padre Giambattista e del riverbero della sua singolare avventura di pensiero nell'evolversi della cultura italiana e napoletana del '700, non da ultimo attraverso la figura del figlio.

Lo sforzo di Gentile, per quanto meritorio e degno di riscoperta, è – lo precisiamo sin d'ora – a nostro avviso solo parzialmente destinato a permettere a un lettore contemporaneo di cogliere una piena rappresentazione della figura di Gennaro Vico. Eppure, lo spaccato offerto da questo testo consente di trarre diversi spunti su Vico padre e figlio, nonché sul passaggio di testimone intercorso tra i due, il quale è tanto più interessante quanto più lo si riesca a leggere nell'evolversi della cultura illuministica, fino ai primi bagliori di un incipiente Romanticismo. Anzi, proprio a questo riguardo, il testo di Gentile non manca di offrire spunti di un certo interesse, soprattutto con riguardo alla materia che vide padre e figlio impegnati quali docenti universitari – per un certo tratto della vita anche in un rapporto di collaborazione nella stessa cattedra, ossia la Retorica.

Prima di soffermarci su quest'ultimo aspetto, sembra interessante porre in risalto brevemente quanto emerge, attraverso l'indagine su Gennaro, dell'immagine del padre Giambattista. Si tratta di aspetti forse meno centrali nel contesto degli articolati e ricchi studi vichiani, eppure ci dicono qualcosa di Giambattista Vico come persona, padre e uomo.

Se Vico fu un docente amato in Università dai suoi

---

patavina del Settecento, in "Studia Patavina" XXIII/1976, 3, 520-569, in particolare le pp. 544-45.

studenti, e che, come attestano recenti studi, propugnava un approccio alla docenza di taglio 'socratico', personalizzato sui discenti[6] e attento allo sviluppo del loro senso critico[7] – aspetto di straordinario interesse vista l'epoca – apprendiamo che egli fu docente ed educatore anche in famiglia, garantendo alta educazione a figli e figlie. Sappiamo anche da altre fonti che la figlia Luisa era una delle donne più colte e acute della Napoli del tempo, e che il padre aveva creduto nella promozione della figlia, impegnandosi in prima persona in questo. Come emerge dal testo di Gentile, Vico padre era un educatore lieto di trascorrere tempo, anche giocoso, con i figli, con i quali mostrava un volto sereno e gioioso, così in contrasto con la sua apparenza e il suo portamento. Pur nella semplicità di una famiglia mai benestante, e molto numerosa, possiamo comprendere quanto essa fosse per Vico centro di affetti e di attenzioni e nutrimento: questo dato non è trascurabile, se consideriamo come nella filosofia dell'Autore la famiglia giocasse un ruolo fondamentale quale 'cellula della società' e luogo nel quale la relazionalità e le capacità regolative umane trovano una prima estrinsecazione, dotata di rilevanza sia giuridica che politica. Diversamente dalle correnti dominanti nel giusnaturalismo moderno, la dottrina vichiana del diritto naturale non è contrattualista, non teorizza una creazione artificiale della società politica,

---

[6] Un aspetto, questo, posto in evidenza, ad esempio, da Sandra Chistolini, per cui rinvio a S. Chistolini – B. Fuchs, *La pedagogia di Giambattista Vico tra tradizione e modernità*, Edizioni Accademiche Italiane - OmniScriptum, Saarbrücken 2014.

[7] Vico lo riferisce nelle conclusioni della *Vita scritta da sé medesimo*: "Egli nel professare la sua facultà fu interessatissimo del profitto de' giovani, e, per disingannarli o non fargli cadere negli'incanni de' falsi dottori, nulla curò di contrarre l'inimicizia de' dotti di professione"(cito dall'edizione delle *Opere* pubblicata per i tipi di Mondadori, Milano 1990, a cura di A. Battistini, I, p. 84).

secondo un passaggio che muove dall'individuo allo stato: nel modello vichiano diritto naturale e socialità dell'uomo sono due lati della stessa medaglia e si esplicano attraverso una pluralità di forme e *societates*, di cui *societas* prima è la famiglia[8]. Troviamo, dunque, una interessante corrispondenza tra la visione teorica elaborata da Vico e l'esperienza concreta che egli aveva della dimensione famigliare.

Peraltro, vi è un ulteriore elemento di riflessione, alquanto attuale, se pensiamo al fatto che un filosofo e docente universitario, impegnato e indefesso negli studi, come fu Vico, non mancava di trovare tempo di qualità – fatto di cultura ma anche di gioco – da spendere in famiglia. Ci provoca a riflettere sull'esigenza di una continuità nell'educazione tra famiglia e agenzie educative: è un aspetto che parla con urgenza ai nostri tempi, in cui si assiste a una diffusa tendenza, da parte delle famiglie, a delegare ad altri i compiti educativi fondamentali, non comprendendo come l'educazione, ivi compreso il consolidamento delle conoscenze e competenze apprese a scuola, si realizzi nell'alleanza con i docenti e richieda un ambiente familiare idoneo, perché recettivo e stimolante (e tale perché sa riflettere sull'importanza di questo aspetto, oltre che assumersi la responsabilità della propria parte, nel rispetto delle diverse competenze)[9].

Tornando ora alla famiglia di Vico, e concentrandoci

---

[8] Sulla famiglia come *prima societas* nel contesto della teoria politica e giuridica di Vico, si veda, anzitutto, l'approfondito studio di L. Bellofiore, *La dottrina del diritto naturale in G.B. Vico*, Giuffrè, Milano, 1954. Si vedano, altresì, U. Galeazzi, *Ermeneutica e Storia in Vico. Morale, diritto e società nella 'Scienza Nuova'*, Japadre, Roma-L'Aquila 1993, in particolare pp. 124-132 e, più recentemente, F. Reggio, *Il paradigma scartato. Saggio sulla Filosofia del Diritto di Giambattista Vico*, Primiceri, Padova 2021, in particolare pp. 116-124.

[9] Cfr. P. Milani, *Sconfinamenti e connessioni. Per una nuova geografia di rapporti fra scuole e famiglie*, in "Rivista Italiana di Educazione Familiare", n. 1 /2012, pp. 25-37.

sulla figura del figlio Gennaro, ricordiamo che egli ereditò la Cattedra di Retorica, alla quale era stato cooptato negli ultimi anni di vita del padre, condividendone le responsabilità di docenza (a partire dal 1736), in un'epoca in cui la retorica andava perdendo rilevanza e ampiezza nel contesto degli studi[10]. Anzi, nel momento in cui il testimone passa da Giambattista a Gennaro, si stava ormai compiendo quella trascuranza e svalutazione della retorica che caratterizza l'epoca moderna, già dai tempi in cui Vico scrisse il *De Ratione*[11], e che ancora più si rendeva visibile nel '700 maturo, in una Napoli rivolta al pensiero illuminista e poco propensa a conciliare la ragione dei moderni con quella degli antichi[12].

---

[10] Secondo Gentile, Gennaro Vico "dev'essere stato un ottimo insegnante della sua materia; e le idee didattiche accennate nelle sue Orazioni Inaugurali che ci sono giunte confermano tale giudizio. Ebbe anche dottrina classica e acume non volgare: ma fu modestissimo e il suo titolo maggiore restò sempre quello di essere il figliuolo di G.B. Vico. Né egli avrebbe ambito ancora di più, conscio, sebbene confusamente, della paterna grandezza"(G. Gentile, *Il figlio di Giambattista Vico e gl'inizi dell'insegnamento di letteratura italiana nella Regia Università di Napoli* (con documenti inediti), Primiceri, Padova 2023, p.46). Sulla retorica come chiave di lettura di un tratto distintivo di Giambattista Vico rispetto al pensiero dominante dei suoi contemporanei, si vedano, per esempio, gli studi di Andrea Battistini, per cui cfr. A. Battistini, *Vico tra antichi e moderni*, Il Mulino, Bologna 2004. Cfr., altresì, più recentemente, M. Donzelli, *L'età dei barbari. Giambattista Vico e il nostro tempo*, Donzelli, Roma 2019.

[11] Secondo Santino Caramella una delle importanti conclusioni a cui giunge il *De ratione* riguarda proprio il diritto: "la saggezza pratica ha per arte la persuasione, e quindi l'eloquenza, e per dottrina la giurisprudenza". S. Caramella, *Giambattista Vico*, in *Grande Enciclopedia Filosofica*, Milano, Giuffrè 1960, p. 280. Cfr., per un approfondimento sulla retorica come componente essenziale anche nella metodologia giuridica vichiana, A.C. 't Hart, *La metodologia giuridica vichiana*, in "Bollettino del centro di Studi Vichiani", XII-XIII, 1982-1983, pp. 5-28.

[12] Del resto, come osserva Mootz, secondo Vico, che osserva i limiti insiti nel riduzionismo tipico della 'ragione dei moderni', "il metodo critico mina la capacità di coltivare il senso comune che sottende sia l'eloquenza che il giudizio pratico, e così facendo restringe la conoscenza ad un arido ed astratto intellettualismo"(J. P. Mootz, *Vico and Imagination: An Ingenious Approach to Educating Lawyers with Semiotic Sensibility*, "International Journal of Semiotic and Law", 22/2009, pp. 11-22). Per

Anche i temi giuridici tipici della riflessione del padre, che aveva fortemente connesso il suo approccio all'argomentazione con lo studio del diritto, non sono più fondamentali nell'evoluzione degli studi e della prassi giuridica dell'epoca in cui opera Gennaro, che muore a ridosso della codificazione napoleonica, prodotto 'compiuto' dell'illuminismo giuridico. La visione vichiana era già apparsa minoritaria rispetto alle elaborazioni del pensiero giuridico dominante all'epoca, nonostante vi siano stati autori minori che ne hanno ripreso alcuni temi, in aperta polemica con la visione dominante, richiamandosi talora a Vico padre (Niccolò Concina[13]; Emanuele Duni[14]), talaltra sorprendentemente mostrando assonanze ma non riferimenti diretti (Jacopo Stellini)[15]. In un contesto, come

questo, soprattutto nell'ambito delle scienze umane, Giambattista Vico riabilitava il ruolo della dialettica e della retorica, e, nel contesto del sapere e della prassi giuridica, egli rivalutava antiche virtù, tipiche dei giureconsulti romani, come appunto, *sapientia*, *prudentia* ed *aequitas*. Cfr. D. P. Verene, *Vichian Moral Philosophy: Prudence as Jurisprudence*, in "Chicago-Kent Law Review" 83/2008, p. 1107-1130; G. Giarrizzo, *Aequitas e Prudentia: storia di un topos vichiano, in* "Bollettino del Centro di Studi Vichiani", VII, 1977, p. 5-30.

[13] In *Opuscoli di Giambattista Vico posti in ordine da Giuseppe Ferrari*, Napoli 1860, troviamo anche due lettere di Concina a Vico. In una di esse, (datata Venezia, 11 dicembre 1734), Concina dirà a Vico "ma molto più però mi dolgo e mi lamento che 'l merito suo non venga riconosciuto e premiato da chi il potrebbe e dovrebbe"(così riportato in P. Nonis, *Daniele e Niccolò Concina*, cit., p. 544).

[14] Il rapporto tra l'insegnamento di Vico e la speculazione filosofico-giuridica di Emanuele Duni meriterebbe più ampio spazio di approfondimento, soprattutto nel contesto della controversa eredità del pensiero vichiano nel Settecento italiano, su cui si rinvia, per una prima e interessante disamina, a G. Scarpato, *Vico e Rousseau nel Settecento italiano*, in "Il pensiero politico", 1/2017, pp. 27-58. Per un approfondimento su Duni si veda il risalente ma dettagliato M. Ascoli, *La filosofia giuridica di Emanuele Duni*, Saggi Vichiani, R. Gabroni, Roma 1928.

[15] Sul punto, particolarmente interessante per indagare la fortuna che ebbe il pensiero vichiano nell'area culturale della Serenissima Repubblica di Venezia, cfr. S. Sarti, *Vico e i pensatori friulani del '700: Jacopo Stellini, Nicola Concina, Bonifacio Finetti*, in "La Panarie", XII/1975, pp. 9-14, e, più recentemente, S. Zanelli, *Spunti di lettura a partire dagli studi vichiani di Sergio Sarti*, in "Studium Ricerca", 6 /2022, pp 76-89.

XI

quello della modernità matura, in cui si guarda a sistemi di pensiero *more geometrico demonstrati*, considerando quale sapere privilegiato quello che si ispira, nelle forme e nel linguaggio, alle scienze, la retorica viene colta negativamente, o se non altro riduttivamente, come mera abilità esornativa, se non come inutile barocchismo.

Gennaro Vico invece – ed è questo l'aspetto che a nostro avviso rende particolarmente interessante il suo pensiero, nella sua epoca – resta fedele alla tradizione classica – e con essa alla visione aristotelica, per la quale la retorica è *antistrofica*, non *antitetica* alla dialettica[16]: l'arte di argomentare, per Gennaro, è anche arte di pensare, e quindi essa conferisce struttura, forma ed espressione al pensiero stesso. Saper ben argomentare, dunque, lungi dal costituire una mera *actio*, un semplice o persino ridondante 'acconciare' i discorsi, è specchio (e palestra) della capacità di selezionare e vagliare gli argomenti, le loro connessioni, le possibili obiezioni che ad essi possono essere rivolte. In questa sorta di interfaccia tra selezione ed espressione, la retorica è tessuto connettivo tra pensiero e parola, e, proprio per questo, è anch'essa afferente all'ambito del *logos*. Lo si coglie chiaramente nella orazione inaugurale *Dissidium linguae ab animo factum praecipuum corruptae eloquentiae causam fuisse*, del 1756, che Gentile riporta alla luce, individuandolo come manifesto della prospettiva culturale di Gennaro Vico. Nell'orazione, scritta in un

---

[16] Lo troviamo chiaramente espresso anche nelle *Institutiones Oratorie*, scritto dal padre Giambattista, ma alla cui redazione finale (con revisioni significative operate tra il 1736 e il 1740) contribuì anche il figlio Gennaro, come avremo modo di rammentare anche in seguito: come la dialettica può essere definita, con le parole di Vico "arte di apprendere il vero", la retorica, sempre nelle sue parole, "insegna a pensare, a fare, a dire cose vere e degne"(G. B. Vico, Institutiones Oratoriae, Istituto Suor Orsola Benincasa, Napoli 1989, p. 7).

latino articolato e complesso, si coglie chiaramente – in sintonia con l'insegnamento di Giambattista Vico – che anche per Gennaro l'eloquenza non può ridursi a mero formalismo o virtuosismo stilistico, né tanto meno a sofisma: centrali sono i contenuti, che l'argomentare deve esporre con chiarezza e provare nella solidità [17]. La persuasione, dunque, non è concepita quale esito di un capzioso tentativo di ottenere il convincimento altrui come mero fatto psicologico, indipendentemente dai contenuti entro cui esso si è consolidato: essa è, piuttosto, il risultato di un procedimento razionalmente controllabile[18].

Questa attitudine alla retorica era già evidente nel pensiero di Giambattista Vico, come si è detto, e promana anche dall'importante testo delle *Institutiones Oratoriae*, costruito intorno alle sue lezioni di retorica, la cui edizione più recente (1741) aveva certamente tratto beneficio anche del contributo di Gennaro, quale co-docente del padre, e che è verosimile sia stata utilizzata anche dal figlio nel contesto delle sue lezioni[19].

Va tuttavia precisato che le competenze di Gennaro Vico e, per così dire, il 'campo di azione' del suo studio e della sua docenza vanno restringendosi rispetto a quanto accaduto con il padre Giambattista: essi, infatti, si vanno a specificare sempre più nell'alveo della letteratura italiana.

---

[17] Per Vico, invece, come rileva Gadamer, eloquenza, non significa solamente "arte di dire bene qualcosa", bensì anche – e soprattutto – "arte di dire il giusto, il vero"(H.G. Gadamer, *Verità e metodo*, Bompiani, Milano 190, p. 4).

[18] Cfr., sul punto, anche J. D. Shaeffer, Sensus Communis: *Vico, Rhetoric, and the limits of Relativism*, Routeledge, London 1990.

[19] Sull'apporto di Gennaro Vico alle revisioni delle *Institutiones Oratoriae* si rinvia al ponderoso studio di Giuliano Crifò, in introduzione all'edizione del 1989 del testo vichiano. Cfr. G. Crifò, *L'ultimo retore, il primo scienziato?*, in G. B. Vico, Institutiones Oratoriae, Istituto Suor Orsola Benincasa, Napoli 1989, pp. XV-CXII, in particolare pp. LXXXIII-LXXXIX.

Sorge spontaneo chiedersi: fu una scelta dettata da gusto e attitudini personali? O fu, piuttosto, lo specchio di un minore spazio operativo offerto alla retorica a causa della sempre maggiore specializzazione del sapere o, ancora, della diminuita rilevanza di questa disciplina nel corso del Settecento maturo? Non è facile rispondere a questo quesito.

Si può tuttavia avanzare l'ipotesi – e lo studio di Gentile ci è di supporto in questo senso – che la retorica, nell'epoca di Gennaro Vico, si fosse trovata oramai 'relegata' nell'ambito della letteratura, che accoglie l'eloquenza come sua branca, per effetto del compiersi di una svolta culturale già evidenziatasi ai tempi della giovinezza del padre, e ora maturata con evidenza. Già Giambattista Vico – lo apprendiamo con chiarezza nel *De Ratione* – denunciava i rischi, teorici e pratici, derivanti dalla minore importanza attribuita alla retorica nel contesto della formazione universitaria, a partire dagli studi giuridici (ma non solo), visibile anche nella diminuita rilevanza attribuita alle discipline della topica e della dialettica. Questa tendenza è andata a consolidarsi, confermando ancora una volta quanto il pensiero di Vico si sia trovato spesso controcorrente e, per così dire, 'sconfitto' dalle grandi tendenze del suo tempo. Il risultato, infatti, di quanto andava compiendosi nel *milieu* culturale della Napoli settecentesca, specchio di un mutamento culturale che investiva l'intera Europa, è stato che la retorica si è trovata progressivamente ridimensionata nel suo valore di disciplina trasversale, fonte di competenze necessarie per vari rami del sapere e dell'agire professionale. Non deve pertanto sorprendere che essa si ricavi, ai tempi del figlio Gennaro, una nicchia specifica, come eloquenza, legata all'uso della lingua, e come studio dell'uso della stessa all'interno della letteratura. Ne sono riprova anche le riforme universitarie, che a Napoli, durante la vita di Gennaro, portano a rinominare l'insegnamento di 'rettorica' in 'rettorica e poetica', per poi denominarlo 'eloquenza antica e moderna', quando ormai il Nostro aveva da poco lasciato l'insegnamento[20] (e verosimilmente anche concluso il suo cammino terreno) [21].

Questa tendenziale svalutazione della retorica nella sua trasversalità e nella connessione stretta tra ben pensare e ben argomentare non è destinata a cambiare nemmeno con l'avvento del Romanticismo, che, pur *mutatis mutandis*, non è parimenti benevolo verso la disciplina [22]. Anzi, persino all'interno della 'nicchia' che la retorica aveva tratto nel contesto degli studi di letteratura, la retorica subisce una *minutio*: identificata con l'*elocutio*, essa viene sovente vista come un artificioso insieme di precetti esornativi,

---

[20] "Nel calendario di corte del 1798, per la cattedra di rettorica e poetica, accanto al nome di Gennaro Vico si trova quello di don Nicola Ciampitti come professore sostituto"(G. Gentile, *Il figlio di Giambattista Vico*, cit., p. 69) .

[21] Come osserva Gentile, nel suo studio: "fino al 1777 il Calendario di Corte chiama la cattedra di G. Vico: 'Rettorica'. In quello del 1777 (p. 68) si comincia a dire: 'Rettorica e poetica'."(G. Gentile, *Il figlio di Giambattista Vico*, cit., p. 48).
Ricordiamo, poi, che "un decreto del 31 ottobre 1806, di Giuseppe Napoleone, riordinava (...) gli studi dell'università; sopprimeva varie cattedre fra cui quella di 'Rettorica' (articolo 34); e disponeva (art, 42): "Tutti i professori proprietari delle cattedre soppresse avranno la metà del loro antico soldo per giubilazione". Infatti un decreto degli 11 dicembre 1806, accordava la giubilazione a ventidue professori universitari, fra i quali sono i titolari delle cattedre soppresse. Ma Gennaro non c'è. Il decreto dell'ottobre instituiva bensì, come vedremo, una cattedra di 'eloquenza antica e moderna'. Ma appunto a questa un decreto del 14 novembre nominava il canonico Nicola Ciampitti. Il Vico, adunque, morì poco dopo compiuti i novanta anni", verosimilmente all'inizio del 1806 (G. Gentile, *Il figlio di Giambattista Vico*, cit., pp. 70-71).

[22] Uno su tutti, si pensi a Victor Hugo, che sulla retorica espresse posizioni fortemente critiche. Cfr., sul punto, Albert W. Halsall, *Victor Hugo et l'art de convaincre. Le récit hugolien : rhétorique, argumentation, persuasion*, Balzac éditeur, Québec, 2002.

sganciati dalla realtà, dal sentimento e dalla poesia, tanto che proprio in quest'epoca viene maturando, nel contesto della lingua italiana, quel mutamento semantico che carica la parola 'retorica', come aggettivo, di una connotazione negativa.

Dobbiamo attendere la *argumentative turn* del '900 per vedere rivalutato il ruolo della retorica e dell'argomentazione, con riferimento non solo al sapere giuridico, ma in generale alla sua importanza nella formazione di un sapere di alto livello[23]. Il sapere universitario anche oggi non si è del tutto allineato a questa tendenza, perché nel contesto odierno permane, tanto a livello di sapere specialistico, quanto di cultura diffusa, quel tipico *favor* moderno verso le materie scientifiche e tecniche (e 'produttive'), le quali appaiono le

---

[23] In questo Vico coglie una carenza del pensiero moderno che verrà evidenziata solo al tramonto dello stesso, ossia, nella "argumentative turn" che ha coinvolto nel '900 anche gli studi giuridici. Non è possibile in questa sede offrire una disamina analitica delle declinazioni in cui si è manifestata tale svolta argomentativa. Ci si limita pertanto a segnalare alcune opere che ne hanno costituito i capisaldi nel secondo dopoguerra: Cfr., C. Perelman e L. Olbrechts-Tyteca, *Traité de l'argumentation: La nouvelle rhétorique*, Paris: Presses Universitaires de France, 1958; T. Viehweg, *Topik und Jurisprudenz*, C.H. Beck, Muenchen 1963 (ocn espressi riferimenti a Vico); S. Toulmin, *The uses of argument*, Cambridge University Press 1958. Si vedano, poi, per una rilettura critica secondo differenti prospettive metodologiche e filosofiche, F. Cavalla, "Topica Giuridica", in Enciclopedia del Diritto, Giuffrè, Milano 1991, pp. 720–39; F. Cavalla, *Dalla "retorica della persuasione" alla "retorica degli argomenti". Per una fondazione logica rigorosa della topica giudiziale*, in G. A. Ferrari – M. Manzin (a cura di), *La retorica fra scienza e professione legale*, Giuffrè, Milano 2004, pp. 25-82; M. Manzin, *Argomentazione giuridica e Dieci riletture sul ragionamento processuale*, Giappichelli, Torino 2014; E.T. Feteris, *Rationality in Legal Discussion. A Pragma-Dialectical Perspective*, in "Informal Logic", 1993, pp. 179-188; W. Slob, *How to distinguish 'good' and 'bad' arguments. Dialogico-rhetorical normativity*, in "Argumentation" 16/2002, pp. 176-196; D. Walton, *Fundamentals of Critical Argumentation*, Cambridge University Press, Cambridge, 2006; F. A. Lamas, *Dialectica y derecho*, in "Circa humana philosophia", 1998, pp. 9-76; E. Rigotti, *Whether and how Classical Topics can be Revived within Contemporary Argumentation Theory*, in F. Van Eemeren - B. Garssen (a cura di), *Pondering on Problems of Argumentation*, Springer, London 2009, pp. 157-178.

sole vere '*hard sciences*', nonostante accorti studi evidenzino che pure tali discipline non sono prive di risvolti che richiedono competenze argomentative [24]. Se nei *college* nordamericani è presente, nel percorso dei primi anni, la formazione retorica, ancora oggi, nel contesto italiano, si fatica a vederla come elemento base delle conoscenze, competenze e abilità su cui si va a costruire la formazione universitaria, anche se vi sono autorevoli esempi di aperture alla rivalutazione dell'argomentazione nel contesto della formazione scolastica e universitaria: si pensi, per esempio, all'uso del *debate* sia in madrelingua che nel contesto del perfezionamento delle lingue straniere[25], alla valorizzazione di attività rivolte al *public speaking*, fino all'uso del modello dei *Ted Talk* come forma per lo svolgimento di attività seminariali o di verifica[26].

---

[24] Ciò si rende visibile anche considerando la complessa interazione tra ragionamento giuridico e prova scientifica, come evidenziato, ad esempio, in S. Fuselli, *Apparenze. Accertamento giudiziale e prova scientifica*, Franco Angeli, Milano 2008.

[25] Per citare alcune mie esperienze dirette mi riferisco, in particolare, alle pluriennali attività svolte, in Trentino, all'interno della collaborazione tra Università, IPRASE e Comuni di Trento e Rovereto, intorno ai tornei di dibattito 'A suon di Parole', e alle loro varianti in lingua inglese ('WordGames') e tedesca ('WortBewerb'), per cui rinvio a P. Sommaggio – C. Tamanini (a cura di), *"A suon di parole", il gioco del contraddittorio*, Mimesis, Milano-Udine 2020, e, con riferimento alle varianti in lingua straniera, a F. Reggio, *Educazione al dialogo - parte II: Il dibattito fra argomentazione, contraddittorio e agonismo dialettico. Una proposta a partire dalle esperienze trentine di WordGames e WortBewerb*, in "Ricerche di Pedagogia e Didattica, Journal of Theories and Research in Education" (Il Mulino), 15, 1/2020 pp. 185-201. L'uso del *debate* nella formazione universitaria è stato utilizzato anche nei corsi di "Strumenti e Tecniche per la Didattica del Diritto", A.A. 2020-2021 (F. Casa / F. Reggio) e 2021-2022 (F. Reggio), oltre che durante la *online Winter School "Transforming 21st Century Conflicts", II edition*, organizzata dall'Università di Padova in partenariato con una pluralità di Atenei stranieri nel contesto del bando "Shaping a World-Class University".

[26] Sempre nell'Ateneo di Padova, il *Ted Talk* è stato usato come modello didattico al corso di Legal Design (P. Moro – L. Mingardo – A. Rinaldo), A.A. 2022/2023, presso il corso di Studi in Diritto e Tecnologia e nell'esperienza internazionale del *Blended Intensive Program* sul *Legal Design* promosso, a Padova, in collaborazione con le Università di Lisbona e Grenada, da Paolo Moro e Letizia Mingardo.

Il presente, insomma, sembra dare ragione a Gennaro Vico e alla sua difesa appassionata della retorica nel contesto degli studi universitari, sulla scia di quanto già suo padre aveva evidenziato: una retorica fortemente connessa all'esercizio della capacità di ben organizzare e comunicare il pensiero, e quindi strutturalmente connessa con la logica. Non deve trarre in inganno lo stile argomentativo molto articolato e difficile, tipico del suo tempo; ciò che rende meritoria l'opera di Gentile, qui di seguito riproposta, è il metterci in condizione di superare le apparenti angustie dello stile settecentesco: con questa lodevole operazione egli ha dato voce a un personaggio minore, ma non trascurabile, che aveva agito controcorrente per difendere la correlazione stretta tra retorica e pensiero, contestando quella visione riduttiva, divenuta oramai dominante, soprattutto alla fine del suo cammino terreno, per la quale la retorica stessa si limita all'organizzazione meramente estetica, e non di rado artificiosa, di una comunicazione.

Non deve dunque suscitare sospetto l'interesse di Giovanni Gentile per Vico padre e figlio: esso non va confinato entro quel clima di 'rivalutazione delle glorie patrie', così sentito al tempo, e di cui forse si deve riuscire con sereno distacco a riconoscere le distorsioni ma anche i meriti, soprattutto quando si riconosce l'onestà intellettuale di un intento culturale. Come si è cercato di mostrare brevemente in queste pagine, infatti, il suo studio su Gennaro Vico non manca di rivelare alcuni motivi di indubbio interesse nel contesto degli studi vichiani, e come tale va apprezzato.

In chiusa di questa breve introduzione vorremmo, tuttavia, tornare a una considerazione più personale su Gennaro Vico, a salvaguardia del fatto che egli non sia colto solo all'ombra della figura del padre. Dall'esame della sua storia di persona e di intellettuale, compiuto grazie allo studio di Gentile, possiamo trarre un ulteriore spunto di grande attualità: Gennaro Vico ricorda come sia importante cercare di essere se stessi non vivendo all'ombra del genitore ma nemmeno vivendo come se non esistesse o contrapponendosi alla sua figura: atteggiamenti che, a ben vedere, denotano entrambi una forma di dipendenza, anche a contrario[27].

L'uomo veramente maturo, così come lo studioso maturo, sa riconoscere i propri genitori, anche i 'genitori accademici', ma al contempo tenere opportunamente distinti il loro contributo dalla propria avventura personale e di pensiero. La gratitudine, quella vera, presuppone la capacità di accogliere ciò che si è ricevuto da altri, e pertanto anche di distinguere ciò che invece è nel *proprium* di ognuno. È, infatti, nella gratitudine che si mostra la coscienza di ciò che si è ricevuto, il fatto che esso non sia né dovuto né scontato; allo stesso tempo, tuttavia, essa evidenzia una consapevolezza che è figlia della capacità di distinguere tra ciò che si è ricevuto, e per cui si rende grazie, e ciò che invece costituisce il proprio personale apporto. Si può, a ben vedere, essere grati, solo quando non v'è bisogno di vivere nell'imitazione o nell'opposizione a qualcun altro per essere autenticamente se stessi.

Forse anche di questa lezione, seppur indiretta, dobbiamo esser grati a Gennaro Vico.

*Federico Reggio**

---

[27] Per un approfondimento sulla crisi della figura del padre nell'epoca contemporanea, cfr. M. Recalcati, *Cosa resta del padre? La paternità nell'epoca ipermoderna*, Raffaello Cortina, Milano 2017.

** Università di Padova, Dipartimento di Diritto Privato e Critica del Diritto.

Premessa

di Mirko Rizzotto

Riproponiamo ai lettori un'opera storica scarsamente conosciuta di Giovanni Gentile (1875-1944), vale a dire *Il figlio di Giambattista Vico*, biografia dedicata ad un figlio poco noto del grande filosofo e pensatore Vico (1668 - 1744), il mite e laborioso Gennaro, che gli succedette alla guida della cattedra di Retorica dell'università di Napoli, rivelandosi grande erudito, profondo conoscitore delle antichità greche e romane, eccellente epigrafista e panegirista.

È un Gentile ancora giovane (è appena ventinovenne) e legato alla scuola di Benedetto Croce quello che, nel 1904, intraprende una ricerca meticolosa fra gli archivi di Stato e quelli ecclesiastici e privati, librerie antiquarie e chiese contenenti lapidi ed iscrizioni varie, con lo scopo di raccogliere quanto più materiale possibile su Gennaro Vico, ricostruendone il pensiero e la personalità in modo decisamente minuzioso e quasi pignolo, da buon storico "bollandista".

Ne esce un ritratto a tutto tondo di Gennaro Vico, figlio non solo del grande Giambattista, ma anche e in primo luogo della sua epoca e della sua terra, il Regno delle Due Sicile a cavallo fra il Settecento e i primissimi anni dell'Ottocento, immerso in una temperie culturale che, se da un lato non possiamo negare fosse vivace e sensibile alle varie correnti letterarie ed artistiche che si andavano sviluppando e diffondendo in Europa, dall'altro è ancora invischiato nella tradizione greco-romana più statica e meno elastica, che sarà tuttavia profondamente scossa, sotto Carlo III e Ferdinando IV, dai ritrovamenti archeologici di Pompei, e a cui lo stesso Gennaro sarà chiamato a dare il suo non piccolo contributo in ambito di ricerche storiche.

Gennaro era nato in una povera casa del quartiere di Spaccanapoli, in un ambiente quasi asfittico e segnato da palpabile povertà. Istruito dal padre, Gennaro era divenuto un buon conoscitore della lingua latina, cosicché dapprima andò a sostituire in cattedra il genitore, anziano e indebolito dal continuo lavoro, poi, in un secondo momento, divenne lui stesso titolare della cattedra di Retorica.

Gennaro Vico era ritenuto dai più, dunque, un oscuro professore nella numerosa schiera di quasi anonimi docenti della *Regia Neapolitana Studiorum Universitas*. Il padre, tuttavia, che molto lo amava e da cui era ricambiato con speciale reverenza filiale, lo aveva definito *puer ingeniosus*, ed il coltissimo domenicano Nicola Concina, docente di metafisica all'università di Padova, scriveva al vecchio Giambattista Vico: "mi riverisca quel suo figliuolo che intendo essere di una grande espettazione"; anni dopo, infatti, il Cappellano Maggiore del Regno di Napoli (una sorta di Rettore Magnifico dei nostri tempi), Celestino Galiani, inviò al sovrano una consulta in favore di Gennaro, definendolo un "giovane d'abilità, che nell'esercizio della cattedra incontra tutto l'applauso".

Alla fine, Gennaro morì novantenne e povero, nel 1805, in una modestissima abitazione sita all'angolo del vicolo Campanile con i Gradini de' Santi Apostoli, a San Giovanni a Carbonara: era la medesima umile casa dove sessant'anni prima, povero e lasciando debiti per cento ducati, era morto suo padre, prima che potesse veder stampata la sua ultima opera, ovvero *I Principj di Scienza Nuova d'intorno alla comune natura delle Nazioni*. Del resto, come ricorda Gentile in pagine toccanti, Giambattista Vico era negli ultimi tempi in preda ad una sorta di grave demenza senile, che lo faceva sedere silenziosamente per tutto il giorno in casa, dimentico di se stesso. Gennaro lo curò amorevolmente, e appena poté gli dedicò a sue spese una commovente lapide tombale. Per questa azione Gentile lo definisce non a torto un "buon figliuolo". Suo sogno sarebbe stato quello di curare un'edizione dell'*Opera omnia* del padre, ma non ne ebbe occasione e su lui stesso, non appena morto e sepolto, calò un velo di silenzio e di oblio. D'altra parte, ciò era largamente prevedibile: la personalità dell'umile e semplice professore di retorica doveva giocoforza misurarsi con quella ben più di spessore di Giambattista, suo padre.

La ricerca d'archivio di Giovanni Gentile restituì a Gennaro Vico quanto di originale costui aveva modestamente ma alacremente elaborato in ambito letterario nel corso degli anni, e divenne una sorta di trampolino per narrare la successiva evoluzione dell'università napoletana, segnata dagli eventi che condussero alla fine alla caduta del Regno Borbonico e da figure di altissimo spessore culturale, che si succedettero sulla cattedra e nell'ateneo che era stato di Gennaro, e prima ancora di suo padre. L'opera, terminata nel dicembre del 1904 e data alle stampe l'anno successivo, fu dedicata al professore Francesco Torraca, Direttore Generale per l'Istruzione Elementare, a cui Gentile era molto legato.

Annoverabile a pieno titolo fra le opere "storiografiche" del Gentile, *Il figlio di Vico* merita senz'altro di essere riletta ancora oggi con attenzione, in quanto in grado di offrire importanti spunti per meglio comprendere l'ambiente in cui visse ed operò lo stesso Giambattista Vico, costituendo un tassello imprescindibile per coglierne appieno il genio e le (notevoli) difficoltà in cui esso ebbe il merito di dipanarsi e muoversi.

Bistrița, Transilvania,
luglio 2023

AL PROF. FRANCESCO TORRACA.

Carissimo Professore,

Messomi a raccogliere i ricordi di un figliuolo del Vico, il tema stesso m'ha tratto a studiare gl'inizi dell'insegnamento, che quanti amano gli studi seri e fecondi godono di sapere oggi affidato a voi nell'Università di Napoli, e, un passo dopo l'altro, mi son trovato innanzi al nostro maestro Luigi Settembrini, al quale voi consacraste un bel libro ne' vostri anni giovanili; e non ho potuto non ricordare l'altro vostro e maggior maestro, Francesco de Sanctis, la cui "seconda scuola" formò argomento di una vostra prolusione, due anni or sono.
Per più ragioni quindi questo libretto sè mosso da sé incontro a voi. E io ne sono stato contento, come di un'occasione, che mi si presentava, di darvi un piccolo segno della mia grande stima.

Dicembre 1904.

Vostro
Giovanni Gentile.

I.

Di figli, veramente, G.B. Vico ne ebbe più d'uno. E se
Angelo Fabroni gli aveva attribuito *binos liberos* ("due figli"),
nel 1818 il marchese di Villarosa corresse l'affermazione del
biografo pisano, portando quel numero a sei. E sarebbero
stati: Luisa, Ignazio, Teresa, un primo Gennaro, morto in
tenera età, un altro Gennaro e Filippo[1]. Ma la famiglia dei
Vico fu anche più numerosa, siccome dimostrano i registri
parrocchiali del Duomo di Napoli.

Egli si ammogliò il 12 dicembre 1699[2]. Il 17 settembre
1700, ebbe la prima figlia, a cui furono imposti i nomi di
Luisa Gaetana[3]. Il 17 luglio 1703, ebbe una seconda figlia,
non ricordata dal Villarosa, e che fu chiamata Carmelia
Nicoletta[4]. Il 31 dicembre 1704, una terza figlia, Filippa
Anna Silvestra[5], ignorata anch'essa dal Villarosa. Ma
entrambe queste bambine devono essere morte ben presto
e aver lasciato poca memoria di sè nella famiglia. Il quarto
figlio, finalmente, fu un maschio: nacque il 31 luglio 1706, e
si chiamò Ignazio Nicolò Gaetano Geronimo: fu tenuto al
fonte battesimale da donna Teresa Stiantinone de' duchi di
Salza[6]. Dopo, un altra femmina, che non ebbe nome Teresa,

---

[1] *Opuscoli* di G.B. Vico, racc. e pubbl. da C. A. De Rosa, march, di Villarosa
(Napoli, Porcelli, 1818-23), I, 228.

[2] Villarosa, *Opuscoli*, I, 208.

[3] Loisa Caetana, secondo l'atto di battesimo, in data 21 sett. 1700 (Parrocchia del
Duomo, Battesimi, lib. XI, fol. 87). Ringrazio qui subito l'amico cav. Lorenzo
Salazar della cortesia con cui volle ricercarmi queste notizie nella parrocchia
del Duomo.

[4] Atto di battesimo addì 19 luglio 1703, nello stesso libro XI, fol. 109.

[5] Atto di battesimo addì 1° gennaio 1705, nello stesso lib. XI, fol. 121.

[6] Atto di battesimo dell'8 agosto 1706: lib. XIL (Battesimi dal 1706 al 1739), fol.
4.

come dice il Villarosa, ma Angiola, nata nel luglio 1709. Il primo Gennaro vide la luce il 19 luglio 1712; ma non visse fino al dicembre 1715, quando nacque il secondo Gennaro, che ebbe altri due nomi: Emanuele e Filippo. Nel febbraio 1720 infine chiuse la serie l'ottavo figlio: Filippo Antonio Francesco Gaetano[7].

Di tutti però sembra che due soli siano sopravvissuti al padre. Giacché Niccolò Solla[8], autore di una *Vita* del Vico, e amico e scolaro del Vico stesso, "onorato — come egli dice— di tutta la sua confidenza ed amore", scrive: "Rimasero di lui due figliuoli: il primo de' quali gli è stato anche successore nella cattedra di eloquenza"[9]; cioè, come si vedrà, Gennaro: e l'altro, — ce lo dice il Villarosa[10], — Filippo, morì impiegato nella Regia Dogana di Napoli.

Di un figliuolo, il cui nome non gli piacque di ricordare, il Villarosa stesso, che ebbe modo d'esserne informato, ci fa sapere che amareggiò assai il padre per la sua cattiva indole. "Cresciuto questi in età, lungi di dar opera agli studi ed alle oneste discipline, diessi interamente in preda ad una vita molle ed oziosa, ed in processo di tempo a' vizi di ogni maniera, in guisa che il disonore divenne dell'intera famiglia". Riuscite vane le ammonizioni e le minacce del padre e di autorevoli amici, il povero Vico fu, suo malgrado, costretto a ricorrere alla giustizia per farlo imprigionare. "Ma nel momento che ciò si eseguiva, avvedendosi che i birri già montavan le scale della casa di

---

[7] Tenne al fonte Angiola donna Ippolita Cantelmo, duchessa di Brezzano, il 23 luglio 1709 (lib. XII dei Battesimi cit., fol. 21). Il primo Gennaro fu battezzato il 24 luglio 1712 (ivi, fol. 41); il secondo, il 20 dicembre 1715 (ivi, fol. 04) ; Filippo, il 18 febbraio 1720 (ivi. fol. 84).

[8] B. Croce, *Bibliografia vichiana*, Napoli, 1904, pp. 45-46.

[9] *Vita di G.B. Vico*, nel *Giornale Arcadico* del 1830, t. XLVIII, pp. 97-98.

[10] *Opuscoli*, I, 228.

lui, e l'oggetto sapendone, trasportato dal paterno amore, corse dal disgraziato figlio, e tremando gli disse: «Figlio, salvati». Ma un tal passo di paterna tenerezza non impedì, che la giustizia avesse il corso dovuto, poiché il figlio condotto venne in prigione, ove dimorò lunga pezza, finché non diede chiari segni di esser veramente ne' costumi mutato"[11]. Fu costui Filippo o Ignazio?

Un documento rintracciato tra le carte vichiane, conservate tuttavia dagli eredi del marchese Villarosa[12], mi fa propendere a vedere piuttosto l'ultimo dei due ora nominati nello sciagurato figlio, che addolorò tanto l'animo paterno. E una *Breve nota di ragioni per D. Giov. Battista di Vico contro la magnifica Caterina Tomaselli*, in una causa che fu trattata, non è detto quando, ma certo negli anni più tardi della vita del Vico; innanzi al Sacro Real Consiglio. Era morto Ignazio Vico, lasciando una figlia, a nome Candida; e la vedova, Caterina Tomaselli, sosteneva che spettasse a lei l'educazione della bambina, e dovesse esserne escluso l'avo paterno, richiamandosi a decisioni analoghe del magistrato. L'avvocato di Vico risponde non essere applicabili tali decisioni al caso presente; perché, in una di esse, s'era considerato che il padre della pupilla era emancipato, e quindi poteva far testamento e lasciare per tutrice la madre; e s'era anche considerato che la madre era persona prudente ed onestissima, mentre l'avo paterno odiava la pupilla. Di un'altra decisione, la ragione era stata che l'avo era un dissipatore. Di una terza, che l'avo non era

---

[11]*Opuscoli*. I, 101-2.

[12] Rendo qui le più vive grazie ai signori ing. Tommaso e Vincenzo De Rosa dei marchesi di Villarosa, i quali hanno gentilmente messe a mia disposizione le preziose carte vichiane, che già furono del loro bisavolo C. A. De Rosa marchese di Villarosa, benemerito editore degli *Opuscoli* di Vico.

persona di buona fama e condizione.

«Nella specie della presente causa, concorre tutto l'opposto; poiché D. Gio. Battista di Vico, avo paterno, è persona di somma prudenza, virtù et integrità, come a tutti è noto; ed all'incontro detta Caterina Tomaselli persona stravagante ed imprudente, e di non retti costumi, come ben costa. Onde per ogni ragione e giustizia la tutela ed educazione di detta pupilla deve deferirsi al predetto D. Gio. Battista di Vico avo paterno. Anco perché detto Ignazio di Vico padre di detta pupilla era figlio di famiglia, e come tale, oltre non poter fare testamento, ma nemmeno lasciare tutore alla sua figlia... Detto D. Gio. Battista deve a sue proprie spese mantenere et alimentare detta pupilla per la tenuità del peculio di suo Padre, che come profettizio sarebbe d' esso Gio. Battista».

Se il figlio innominato, di cui parla il Villarosa, non fosse quest'Ignazio, bisognerebbe dire che non uno, ma due figli fossero stati il tormento di Giambattista Vico.

Egli "amava i suoi con eccesso di tenerezza; contento piuttosto di una rispettosa amicizia, che d' un servile timore"[13]. La moglie, Caterina Destito[14], analfabeta e meno che mediocre massaia, costrinse lui "a pensare a provvedere non solo a' vestimenti, ma di quanto altro i piccoli suoi figliuoli avean di bisogno". Attese alla loro educazione ed istruzione da sé medesimo; ed è bello pensare che, tra un pensiero e un altro della sua alta

---

[13] Solla, *Vita*, p. 97.

[14] Figlia di uno scrivano fiscale di Vicaria; nata il 26 novembre 1678: Villarosa, *Opuscoli*, I, 208. Sopravvisse di quindici anni al marito, risultando dal necrologio della chiesa dei Padri dell'Oratorio, detta dei Gerolamini, che fu ivi sepolta il 3 giugno 1759 : cfr. G. Taglialatela, in *Atti dell'Acc. Pontaniana*, vol. XXII, *Commemorazione di A. Galasso*, p. 26.

speculazione, egli rivolgesse l'animo a coltivare l'intelligenza delle sue figliuole predilette: Luisa e Angiola. Furono la sua più cara consolazione. Al p. Benedetto Laudati, cassinese, quello stesso che, nel gennaio 1716, diede per la censura ecclesiastica il parere sulla *Vita di Antonio Carafa* del Vico, trovandolo un giorno a scherzare tra le figliuole, spianata la fronte e con un sorriso spensierato su quella faccia per solito meditabonda, tornarono a mente e sulle labbra quei versi del Tasso:

> Mirasi qui fra le meonie ancelle
> Favoleggiar con la conocchia Alcide.

E Vico ne rise. La Luisa era il suo orgoglio. Dotata di raro ingegno, ella aveva largamente corrisposto alle cure paterne, ed era capace di scrivere de' versi non inferiori a quelli che scrivevano tutte le persone colte, i dotti, come allora si diceva, della società in cui il Vico si aggirava. I versi di lei, il suo canto dovevano scendere al cuore del padre, che tante amarezze ebbe nella sua vita affaticata.

Perché aveva quell'ornamento in casa, egli che ebbe sempre abitazioni così modeste, poteva accogliere presso di sé uomini insigni e gentildonne dell'alta società napoletana; e certo doveva condurla seco negli intellettuali ritrovi presso le nobili dame da lui frequentate con Paolo Doria e gli altri letterati del tempo: fino al 1727 ordinariamente presso Angiola Cimini, marchesa della Petrella.

Oh, il rimpianto pel salotto di questa marchesa, quando, quell'anno, donna Angiola morì! Chi non conosce l'elogio magnifico che Vico ne scrisse e premise a una raccolta di scritti di tutti i frequentatori di quel salotto, da lui curata ed ornata del ritratto della marchesa e di molti finissimi fregi? Raccolta, che allora fece molto rumore in Napoli; e ci fu una mala lingua che ne fece la satira[15].

In quell'*Orazione*, il Vico, celebrando la grazia di questa novella Aspasia, anch'essa poetessa e curiosa di sapere e di entrare nelle quistioni filosofiche, ricorda: "Ippolita Cantelmi-Stuarta, principessa della Roccella, donna che con la maestà che le corona la fronte, coll'augusto aspetto e colle sovrane maniere, congiunte alla singolare altezza dell'animo, alla grandezza de' suoi pensieri ed allo splendore delle sue azioni, non che tra le nazioni ingentilite, tra' Barbari stessi dell'Africa o della Zembla non potrebbe dissimulare e nascondere d'essere degno generoso rampollo del ceppo reale di Scozia, per una volta sola *che nella nostra casa conobbela*, ne concepì tanta ammirazione ed amore[16]ecc".

E chi sa quante altre delle gentildonne celebrate dai versi del Vico frequentavano la sua casa! Letterati, scolari del Vico, come il De Angelis, professori, frati, predicatori, tutto il circolo degli amici ed ammiratori di lui, doveva spesso adunarsi nella modesta dimora del Largo dei Gerolamini al n. 12 (dove il Vico abitò dal 1704 al '18), o, più tardi, in quella nel Vico delle Zite, e dal 1740, ai Gradini dei Ss. Apostoli[17]. Si leggevano versi: e Luisa leggeva i suoi[18].

---

[15] Francesco Vespoli, il cui nome s'incontra non di rado nelle raccolte poetiche di quel tempo, a proposito degli *Ultimi onori di letterati amici in morte di A. Cimini* (Napoli. Mosca, 1727) e di uno speciale libro di versi pubblicato in quell'occasione stessa da Gherardo De Angelis, scrisse una satira in ternari, non priva di spirito, tuttora inedita, che pubblico in appendice, come documento della società a cui Vico appartenne.

[16] *Opere*, Napoli, Stamp. Class, ital., 1860, VI, 153.

[17] Vedi l'art. del Mandarini, *Il centenario di Vico*, ne *La Carità*, riv. relig. scientif. letter., a. III. quad. VI, 1868, e la nota del Correra, in *Arch. stor, nap.*, IV (1879), 407-8.

[18] Il Villarosa diceva di avere presso di sé molte poesie mss. di Luisa, trovate tra

Spesso anche cantava. Ecco come ce la presenta uno dei frequentatori di quel circolo, nel 1727 :

Il mover dolce di Costei mi suole
Fermar i sensi, e gli occhi, e lo 'ntelletto
Al vago riso intenti, e al vestir schietto
E più allo gaggie oneste almo parole!
Ma quando scioglier l'angelico vuole
Suo canto dal gentil candido petto.
Lo mio spirto volar sovra è costretto
A' giri eterni, oltra le vie del sole.
Sciolta nuotando in que' diletti immensi;
Tal che il ritorno obblia, né sa l'incanto.
Se alcun poi noi richiama, e riconsiglia.
E ben mi spiace il farmi desto intanto,
Dicendo all'alma: Or dove star mai pensi?
Tu ascolti del tuo gran Mastro la Figlia[19].

In un altro sonetto. lo stesso poeta si rivolge, a Luisa: *O Figliuola di Lui , che 'l tutto intese*, e le augura serenità di spirito e animo di attendere alla poesia:

Né amaro indegne di Fortuna offese.
Né d' aspri mali tempestoso verno
Turbin mai lo bel tuo lucido interno
Spirto, che a saper nuovo il cammin prese.
Clio se in te vedi, hai potestate accolta
Di spezzar l'armi a' minaccevoli astri.
(...)
Ad aprir siegui or tua limpida, e colta

---

le carte del padre, oltre quelle che sono sparse per le tante raccolte stampate del tempo. *Opuscoli*, I, 228.

[19] *Rime scelte* di Gher. De Angelis, Firenze, 1730 (con prefaz. di G.B. Vico), pag. 1 S5. Ma il 3° libro di queste *Rime*, a cui questo e l'altro sonetto, che sarà citato, appartengono, era stato stampato integralmente per la prima volta nel 1727.

Vena, che sazia i più superbi Mastri;
O forte, e saggia, quanto adorna, e bella[20].

Ma gli angurii non andarono a pieno compiuti. Luisa ebbe marito; e forse a lei Giambattista Vico diede i mille ducati, guadagnati con la compilazione della *Vita di A. Carafa*, che gli servirono, come raccontava Gherardo De Angelis, per "mandare a marito una sua figliuola"[21]. Ed ebbe figli, o almeno un figlio, che, nella quaresima del 1729, era gravemente ammalato, e poco di poi pare che morisse.

E se Luisa era la figlia prediletta, s'immagini il dolore dell'avo. In quella quaresima, venne a predicare nel Duomo il p. Michelangelo da Reggio, cappuccino eloquentissimo; e contrasse amicizia con parecchi nomini di lettere e col Vico, che lo ascoltarono con ammirazione. Frequentò anche lui la casa del Vico, allora centro di una vera e propria scuola letteraria, non ancora ben nota, e degna di essere studiata; e confortò la giovane madre palpitante per la saliate del figlio. Di che il Vico credé quasi di aversi a sdebitarci, promovendo ima raccolta in lode del cappuccino, che fu infatti pubblicata quell'anno stesso con una dedica del Vico, che "divotamente consacra un rinfuso vago fascetto di fiori colti in Parnaso", cioè di componimenti poetici scritti in onore di p. Michelangelo da "alquanti gentili spiriti"[22].

Vi sono distici latini e sonetti italiani di parecchi letterati del solito circolo vichiano; uno, che giova rilevare,

---

[20] *Rime scelte*, p. 110.

[21] Villarosa, *Opuscoli*, I. 225.

[22] Componimenti in lode del P. Michelangelo da Reggio di Lombardia cappuccino predicatore nel duomo di Napoli nella quaresima dell'anno 1729, Napoli, Mosca, s. a. La dedica del Vico è ristampata dal Villarosa, *Opuscoli*, II. 284-5. Ma non è riprodotta né dal Ferrari, né dagli altri editori posteriori.

di Gaetano Maria Biancone[23], personaggio di grand'affare, che presto incontreremo in un momento importante della biografia del Vico. Ve ne sono, naturalmente, anche di questo[24].

Dopo un sonetto di una giovane donna, il cui nome ricorre sovente aneli esso nelle raccolte contemporanee, e che era amica a Luisa Vico, e cultrice di studi filosofici[25], oltre che di poesia, Giuseppa Lionora Barbapiccola, ce n'è uno della nostra Luisa, che ha un accento personale e accorato, quale ben di rado è dato sentire in questo genere di versi d'occasione, vuoti e freddi:

---

[23] A pag. 13.

[24] Ve ne sono due, ristampati dal Villarosa, *Opusc.*, III, 11-12. Ma il primo di essi, che nell'ediz. Villarosa comincia: *Alma mia, che perdesti il bel candore*, nella raccolta del '29 cominciava: *Alma mia tutta al di fuore*. E non saprei dire di chi sia la correzione. Noto anche che il 3º dei sonetti, che, nell'ediz. del Ferrari e nello successive (ed. Pomodoro, p. 318), è dato come in lode di p. Mich. da Reggio, non si trova in cotesta raccolta del 1729; e nella racc., del Villarosa (p. 53) reca per titolo solo: *In lode di un Sacro Oratore*. Comincia: *Ammiraro già un lampo Atene e Roma*.

[25] In un sonetto dello stesso lib. III delle *Rime* (1727), il De Angelis, rivolgendosi alla Barbapiccola, dice:

> Questa è Colei, che aggiunse altro splendore
> Al gran Renato, del Ver tanto amico ;
> E 1 monte aspro di gloria, ov'io m'implico.
> Vinse, pascendo d'onestate il core.
> Vieni a mirarla, o tu Francia superba,
> Che sì tuo donne al Cielo innalzi, e canti:
> Qui scrive ancora in sua stagione acerba.
> Più d'essa non la greca Aspasia vanti
> Ciascuna età, che le più degno serba etc.

Ed infatti, la Barbapiccola "per saggio di aver coltivate le moderne dottrine, produsse in italiano una versione della filosofia di Cartesio". (Napoli-Signorelli, *Vicende della coltura*, vol. V Napoli, 1786, p. 497).

Ben foste Voi, qual nuovo Angelo eletto
Dal Motor primo, ed in terreno ammanto
Mandato a noi, perché 'l suo eterno, o santo
Nome pur s'oda risonar perfetto.
E qual caldo disio m'infiamma il petto
Di tesser rime al vostro inclito vanto!
Se non chi' io temo, che 'l mio fioco canto
Scemi la loda di si chiaro obbietto.
E ben più, perchè acerba ingorda Morte
Sta por rapirmi ornai con fredda mano
Delle viscere mie la miglior parte.
Ma, poiché Voi con tanto ingegno, ed arte
Dolce mostrate ogni aspro affanno umano
Forza è ch' io nel gran duol mi riconforte[26].

Nel giugno o luglio di quell'anno, p. Michelangelo scriveva da Modena al Vico, congratulandosi della notizia pervenutagli del buon esito dello scorbuto, sofferto allora dal Vico, e aggiungeva: "Il Signore prosperi V. S. Illustrissima, e tutta la sua carissima famiglia; e mi rallegro, che la sig. D. Luisa sia andata a godere della buon'aria: ma vi vada ancor Ella, secondo mi promise, e mi riverisca tutti di sua casa dal primo all'ultimo, perché tutti e singoli porto nel cuore". Allora il figlio doveva essere morto.

Due anni appresso, in una raccolta nuziale, che reca anche un sonetto di Pietro Metastasio (*Vanne, sposa leggiadra, ove sospira*), Luisa rispose con un sonetto a rime obbligate all'amica Barbapiccola, che le diceva:

O tu, che forte incontro a rei martiri
Donna saggia ne vai, lucido esempio

Di quel valor, che signoreggia l'empio
Fato, e in alto ten posi, e al vero aspiri ;
Vieni, e tu aita i giusti miei desiri
De la gran Coppia a dir ciò, eh' io contempio etc.

E Luisa di rimando:

Poic'ho si l'alma carca di martiri
Fatta degl'infelici un raro esempio ;
A cui turba e confonde il rio Fat'empio
Ogni voglia leggiadra, ov'ella aspiri,
Com'ornar posso i tuoi giusti desiri
Per l'alta Coppia, in cui miro e contempio
Mille belle speranze entro il gran tempio
Che Virtù alzossi in su gli eterni giri?
Lionora, tu colla tua fronte lieta
Chiama Imeneo, a cui Madre d'Eroi
Partenope gentil applaude e gode.
E tessi al chiaro innesto or degna lode
Fra dotti cigni co' be' carmi tuoi
Ch'io non oso toccar tant,'alta meta[27]

Meno male che donna Luisa, in fine, aveva questa distrazione della letteratura![28].

---

[27] *Vari componimenti per le felicissime nozze degli eccellentissimi signori D. Tomaso Caracciolo marchese di Casalbore, principe di Torrenova etc. e D. Ippolita di Dura de' Duchi d' Erce* raccolti da Gennaro Parrino e dedicati all' Ecc.mo signor D. Orazio di Dura duca d'Erce, etc. in Firenze 1731. Il son. del Metastasio è a p. 6-1. Ve n'è uno di Francesco Vespoli (p. 37), e uno (a p. 25) di GB.. Vico, che non è stato mai ristampato: *Benché io mi reggia da quel fato oppresso.* Credo opportuno ristamparlo in appendice.

[28] Un altro sonetto di Luisa Vico fu ristampato da G. Ferrari, nella sua ediz. delle *Opere* di Vico (2ª ediz.), 1853, IV, 419. Comincia: *Poiché della mortai terrestre spoglia,* ed era stato pubblicato nella *Raccolta in morte di D. Giuseppe Alliata Paruta Colonna principe di Villafranca,* 1729, per cui G. B. Vico scrisse il sonetto *Morte, o d'invidia vil ministra e fera.*

II.

Ma tra tutti i figli, quello che più a lungo sopravvisse al padre, più seriamente attese agli studi stessi del padre, continuò il suo insegnamento universitario e quasi la tradizione domestica: quello che confortò del suo affetto filiale gli estremi anni infelici del vecchio filosofo, e ne proseguì poi con pietoso culto la memoria: quel figlio di Vico, insomma, che tutti gli studiosi conobbero, in Napoli, durante tutto il sec. XVIII, e al quale fecero spesso capo per notizie sul padre, è Gennaro, nato nel dicembre 1715 .

E di lui ho creduto opportuno raccogliere le notizie che ci rimangono, perchè ne può derivar qualche luce sulla stessa biografia di Giambattista e sulla sua postuma fama.

E già il grande filosofo fu così tenero de' suoi figliuoli e così poco avventurato, che è quasi un debito di riconoscenza verso di lui adunare attorno al suo nome le fronde sparte delle sue memorie domestiche.

La prima volta che vien ricordato Gennaro nella vita del padre, è nel suo carteggio col card. Lorenzo Corsini, a proposito della prima *Scienza Nuova*: carteggio le cui date non sono scevre di qualche incertezza. Già il Croce notò che "non si comprende come la risposta negativa [del Corsini alla istanza del Vico per le spese di stampa della prima *Scienza Nuova*]) sia [com'è data dal Villarosa)[29]]del luglio 1726, quando la prima *Scienza Nuova* era stata già pubblicata nell'ottobre 1725" [30]). La stessa avvertenza doveva aver fatta il Ferrari, che corresse senz'altro la data

---

[29] *Opuscoli*, II, 254. Ho riscontrato l'autografo servito alla stampa del Villarosa, ed esso concorda, per la data, con la stampa. E autografo — tranne la firma — del segretario del Corsini.

[30] Bibliogr. cit., p. 97, n. 2.

di quella lettera in 20 luglio 1725[31]. E la correzione è, secondo me, indispensabile [32] E, se si accetta questa correzione, si rifletta un po' alla conseguenza che ne deriva, e che non è di lieve interesse.

Nella sua Vita, Giambattista Vico, dopo avere accennato alla primitiva redazione dell'opera sua (che avrebbe " occupato due giusti volumi in 4o"), della quale ci rimane solo il disegno esposto dall'autore, nella lettera del 19 nov. 1724, a mons. Filippo M. Monti[33], continua dicendo: "Già l'opera era stata riveduta dal signor D. Giulio Torno, dottissimo teologo della chiesa napoletana; quando esso [Vico] riflettendo, che tal maniera negativa di dimostrare [seguita nella primitiva redazione], quanto fa di strepito nella fantasia, tanto è insoave all'intendimento, poiché con essa nulla più si spiega la mente umana; e d'altronde *per un colpo di avversa fortuna, essendo stato messo in una necessità di non poterla dare alle stampe, e perchè vedevasi pur troppo obbligato dal proprio punto di darla fuori, ritrovandosi aver promesso di pubblicarla, restrinse tutto il suo spirito in un' aspra meditazione per ritrovarne un metodo positivo e più stretto, e quindi più ancora efficace*"[34] che fu il metodo della edizione uscita in luce precisamente nel novembre 1725. Il *colpo di avversa fortuna*, non c'è dubbio, è la delusione ricevuta da parte del Corsini, a cui la promessa , qui accennata, di pubblicare l'opera, doveva essere stata fatta con lettera del maggio 1725: una lettera con la quale il Vico aveva dovuto accompagnare al cardinale l'invio della sua dedicatoria, che

---

[31] Cfr. anche la ristampa delle *Opere*, Napoli, Jovene, 1840. IV. 184 e quella Pomodoro, 1860,VI, 80.

[32] E confermata da quanto dirò appresso.

[33] Croce, Bibliogr., pp. 96-7.

[34] *Opere*, ed. Pomodoro, I. 37.

ha per l'appunto la data dell'8 maggio 1725. Si ricordi infatti la celebre postilla fatta dal povero Vico alla sconfortante risposta del Corsini[35]: "Lettera di S. E. Corsini, che non ha facultà di somministrare la spesa della stampa dell'opera precedente alla *Scienza Nuova* [cioè, della redazione primitiva[36]], onde fui messo in necessità di pensar a questa della mia povertà, che restrinse il mio spirito [dopo la risposta del cardinale, cioè dopo il luglio] a stamparne quel libricciuolo, traendomi un anello che avea, ov'era un diamante di cinque grani di purissima acqua, col cui prezzo potei pagarne la stampa e la legatura degli esemplari del libro, il quale, perchè me 'l trovava promesso a divulgarlo, dedicai ad esso signor Cardinale"[37].

E si badi: il parere del revisore ecclesiastico don Giulio Torno, che è in fondo al *libricciuolo*, con la data del 15 luglio 1725, non può essere se non lo stesso parere ricordato dal Vico nella sua *Vita* come già scritto dal Torno per la prima redazione. E vero che vi si dice il libro "mole *exiguum*"; ciò che non si sarebbe potuto della prima forma; ma questa dev'essere stata una mutazione — la sola, forse — introdotta nella stampa del parere, perchè richiesta dalla mutata mole del libro, rimasto d'altronde sostanzialmente il medesimo, e non sottoposto quindi a una novella revisione ecclesiastica. Il parere, invece, del censore civile, Giovanni Chiajese, è scritto dietro ordine del 3 ottobre e seguito dall'approvazione per l' *imprimatur*, del 12 ottobre. Sicché devesi riferire alla redazione pubblicata, e già allora certamente, almeno in massima parte, stampata, poiché il

---

[35] Postilla che ho riletta sull'autografo, — in un margine esterno.
[36] Lo ha notato anche il Croce, o. e l c.
[37] Stamp. la prima volta dal Villarosa, *Opuscoli*, 11, 255 n.

18 novembre successivo[38] l'autore poté mandare un certo numero di esemplari del libro, belli e legati, a Roma.

E alcuni di essi andavano, naturalmente, al Corsini; al quale il Vico, scrivendo due giorni dopo, era costretto a spiegare anche perchè l'opera, per metodo e per estensione, non era più quella che gli aveva propriamente offerta nel maggio innanzi. Non si rileggono senza pietà queste parole: "Riflettendo io al mio sommo onore, che V. E. mi aveva già compartito per mezzo di Mons. Monti, di aver ricevuta nella vostra alta Protezione l'opera da me scritta in due libri, nella quale per via di dubbii e desiderii, maniera la qual fa più tosto forza che soddisfa la mente umana, si andavano ritruovando i Principii dell'Umanità delle Nazioni, e quindi quei del Diritto Natural delle Genti, *la qual opera già era alla mano per istamparsi*: e considerando altresì la mia avvanzata e cagionevole età; mi determinai finalmente affatto abbandonar quella, e consacrare a V. E. quest'opera, più picciola in vero, ma, se non vado errato, di gran lunga più efficace della prima"[39].

Questa seconda opera, dunque, nei mesi che corsero dal luglio al settembre dello stesso anno 1725, ossia non più che in due mesi, obbligò il Vico, impegnato ormai alla pubblicazione già annunziata e dedicata al cardinale, fattosene poi indegno, a restringere, com'egli ci racconta, tutto il suo spirito in un' aspra meditazione, per ritrovare il metodo "positivo e più stretto,". Soprattutto, più stretto, povero Vico! "Sì fatta opera — scrive egli al Corsini, nella

---

[38] Cfr. le importanti lettere del Vico all'Esperti e al Corsini del 18 e 20 nov. 1725, pubblicate dal Croce, Bibliogr. pp. 98-100. Anche la lettera precedente a Celestino Galiani è del 18 novembre (non ottobre: l'autografo, ora posseduto dal Croce, potrebbe leggersi in un modo e nell'altro).
[39] Croce. Bibliogr ., 99.

stessa lettera del 20 novembre — aveva io destinato dare alla luce qualche anno dopo, come soluzione della prima, quasi d'un problema innanzi proposto. Non solo però dare alla luce, ma scrivere anche: benché l'animo delicato vieti al Vico di far intendere al cardinale la pena cagionatagli.

Il lavoro vagheggiato quale riposata fatica di qualche anno, come avrà affaticato, in quei due mesi, il grande spirito! Aspra meditazione, la disse lo stesso Vico; e la brevità del tempo, e il tormento della promessa fatta a un principe di S. Chiesa, non devono pure tenersi in conto, per intendere le ragioni dell'oscurità maggiore della prima *Scienza Nuova*, e del bisogno che il Vico sentì di mutare e rimutare le espressioni di essa, e con le postille sui margini di tanti esemplari donati agli amici[40] e con l'edizione del 1730, nonché, poscia, del rifacimento radicale della edizione del 1744?

Altre difficoltà cronologiche sorgono dalla lettura della seguente bozza d'una lettera del Vico al Corsini, di cui ho trovato l'autografo inedito tra le solite carte del Villarosa:

Con l'umiliazione più ossequiosa in inchino a professar a Vostra Eminenza gl'infiniti obblighi per l'altezza dell'animo, onde ha ella degnato con sensi sì generosi, e propj della Vostra Grandezza di gradire una mia umile, e riverente offeriti, che io non avendo l'ardire da me stesso, m'avvanzaj d' umiliargliela per mezzo del sig. D. Francesco Buoncore[41]. Talché benedico tutte te mie lunghe

---

[40] Vedi, per gli esemplari postillati. Croce, Bibliogr., pp. 25-26.

[41] Per Francesco Bnonocore (o Buoncore), "Philippi V Hispaniarum regis medico clinico, Caroli Borbonii regis utriusque Siciliae archiatro et in Segno Neapolitano medicamentariis universi» praefecto" il Vico scrisse, nel 1738, un'iscrizione pubblicata dal Ferrari (ed. Napoli, Class. Ital., 1860, degli *Opuscoli*, p. 225). Questa notizia della parte avuta anche dal Buonocore nella offerta del Vico al Corsini è nuova. Sullo stesso Buonocore v. Sciupa, *Il regno di Napoli al*

e penose fatighe che per lo spazio di tanti anni ho speso nella meditazione di questa mia Opera, che sta per uscire alla luce, ed in mezzo le avversità della mia Fortuna abbia menato tant'oltre la *Vita* che portassi a compimento questo lavoro, che mi ha prodotto il merito, o per meglio dire la buona ventura di compiacersene un Principe di S. Chiesa di tanta Sapienza, e grandezza, di quanta la Fama da per tutto con immortali laudi la celebra. Onde per non perdere una tanto per me onorevole occasione, con l'istessa umiltà di spirito mi fo ardito di dare a V.ra Em.za una piena testimonianza dell'animo mio grato e riverente, di annunciarle propizio questo giorno tanto nella Chiesa segnalato, e memorabile.

Di questa bozza tutta la parte ch'io non ho stampata in corsivo si ritrova nella lettera pubblicata dal Villarosa, con la data del 15 dicembre 1725 [42]. E l'autografo corrispondente reca in fatti questa data. Ora, si può domandare: come mai nella prima bozza di questa lettera del 15 dicembre, il Vico poteva dire della *Scienza Nuova*: "sta per uscire alla luce" — se da un mese egli ne aveva mandato al Corsini, come s'è visto, alcuni esemplari, e se fin dall'8 dicembre [43] il cardinale lo aveva ringraziato del dono ricevuto?

Inoltre: che cosa offrì il Vico per mezzo del protomedico Buonocore? Non certo l'opera stampata, che Vico fece consegnare al Corsini nel novembre, "per mano del signor Abate Giuseppe Luigi Esperti"[44]. La dedica? Ma, nella stessa lettera del novembre al Corsini, il Vico ricorda

---

tempo di Carlo di Borbone, Napoli, Pierro, 1904, pp. 72, 94. 260, 268, 545, 778, 779.

[42] *Opuscoli*, II, 171-2.

[43] Vedi questa lettera in Villarosa, II, 251-2, ristampata poi dal Ferrari e dagli editori posteriori.

[44] V. la lett. del 20 nov. 1725 al Corsini, in Croce, l. c.

il "sommo onore, che Sua Eminenza gli aveva già compartito per mezzo di Monsignor Monti, di aver ricevuta nella sua alta Protezione l'opera" secondo la primitiva redazione[45].

Infine: in un'altra bozza di lettera (che trovasi nella stessa pagina della precedente, e, a riscontro ili essa, reca il testo originale, pure autografo e senza data, della lettera del Vico al Corsini, stampata dal Villarosa[46] con la data del 26 dicembre 1725), è detto: che l'onore onde il cardinale l'aveva colmato, compiacendosi di gradire *l'umile mi ossequioso desiderio [del Vico], di consegnare solfo Vallo e potente patrocinio dei Cardinale un debol parto del suo scarso ingegno, che era per uscire alla luce, gli dava ora lo spirito di non perdere una tanto per lui onorevole occasione, di dare a S. E. una piena testimonianza del suo animo umile e riverente, di annunciarle propizio questo giorno tanto per noi segnalato e memorabile, augurandoglielo con que' più fervidi, voti, che l'animo mio può concepire, continuato da una lunghissima serie d'anni, ecc.* Parole che si riscontrano tutte nella stampa.

Sicché, ancora il 26 dicembre 1725, l'opera stava per uscire alla luce, e Vico introduceva in questa lettera le parole d'augurio già inserite nella bozza della prima, di dieci giorni innanzi, e poi lasciate indietro.

Non è, come si vede, una sola difficoltà che sorge da questi documenti, ma parecchie, se non si ammette che, scrivendo a un principe della"Christiana Repubblica", il Vico non abbia voluto nella data segnare questa volta l'anno ab incarnazione, anzi che l'anno comune:

---

[45] Cfr. anche la lettera del 18 novembre 1724 allo stesso Monti, in Croce, pp. 96-7.
[46] *Opuscoli*, II. 173-4.

trasportando così le due lettere al 1724[47]. E questa soluzione vien suggerita dallo stesso stato delle due minute. Il Vico, dopo aver tentato, nel novembre 1724, la via di monsignor Monti (al quale tornò nel maggio successivo), aveva di lì a poco trovata più speditiva l'intermediazione del medico Buonocore, per aprire al Corsini il suo desiderio ili dedicare a lui l'opera, che presto avrebbe data alla luce. Ottenutone così il consenso, il 15 dicembre dello stesso anno 1724, se non prima, dové scrivere la minuta d' una lettera di ringraziamento e d'augurii pel prossimo Natale. Ma dopo, parsogli che fino al 25 avrebbe indugiata troppo questa sua azione di grazie, che, nel suo pensiero, doveva amicargli meglio l'animo del cardinale (prima di accennargli la sua speranza del sussidio per la stampa), rimandò gli augurii a un altro giorno, e scrisse la lettera, che spedì subito, e che è quella stampata con la data del 15 dicembre 1725. Ma conservò la prima minuta, quasi per ricordarsi degli auguri che aveva poi da inviare; e, a fianco di essa, dieci giorni dopo, scrisse infatti l'altra lettera, che spedì senza altri mutamenti, riprendendo per gli augurò quasi i termini stessi già preparati.

Nel maggio poi, si fè animo, e cinese. Ma, dopo più di un mese, il Corsini, di ritorno dalla visita allora fatta alla

---

[47]E questa dev' essere anche la spiegazione della data 20 luglio 1726 della lett. del Corsini, di cui sopra si disse. È noto che Innocenzo XII (pontefice dal 1691 al 1700) tolse l'uso di far cominciare l'anno, nelle date delle bolle, dal 25 marzo. Vedi *L'art de vérifier les dates*, Paris, Desprez, 1770, p. 324. E, nei volumi della corrispondenza di monsignor Celestino Galiani, posseduti dall' amico Dr. Fausto Nicolini, si hanno lettere di Alessandro Rinuccini al Galiani del tempo in cui questi dimorò a Roma per le trattative del concordato, con la doppia data 1738 | 9 e 1739 | 40 (*Corrisp* ., vol. VI, carte 119 sgg., 169 sgg.). Ciò che prova come anche allora durasse 1' uso di cominciare l'anno *ab incarnatione*, scrivendo da Roma o a Roma.

sua diocesi di Frascati, in cui gli "occorse di metter mano a molte esorbitanti spese", gli confidava di non aver modo di secondare la sua istanza. E il Vico non rifiatò. Stampare un libro di 500 fogli, di due volumi in 4º, con lo stipendio che aveva dall'università, di 100 ducati annui! Ma era corsa la promessa a un sì gran signore: e bisognò restringersi, e dare come i risultati dell'opera, e così stampare, dedicare e mandare al cardinale il libro, che era costato tanto pensiero e tanta amarezza.

Un raggio di speranza gli rimise in cuore la lettera con cui il Corsini, l'8 dicembre [48], lo ringraziò; e, protestando la propria riconoscenza, lo esortò a "ripromettersene altresì i proporzionati effetti", pur che gli avesse indicato "le convenevoli aperture in cose di suo servizio". Che aperture? Al povero uomo, che aveva allora 57 anni, cresceva costumato e promettente quel suo figliuolino, Gennaro, di così diversa indole da Ignazio. Aveva 10 anni: era il penultimo dei figli, come s'è veduto. Ed egli l'amava tanto ! " È per natura" — rifletteva nella orazione per la Cimini — "che gli ultimi parti soglionci esser più cari, per questi due occulti sensi di umanità; tra perchè essi sono li più innocenti, e per conseguenza, che ci hanno recato maggior piacere, meno disgusti; e perchè essi han bisogno di più lunga difesa, la quale i padri credono, per la loro avanzata età, poter a quelli al maggior uopo mancare"[49]. Se il cardinale procacciasse a Gennaro un benefizio per farlo chiericare? — La lettera che gli deve avere scritta, non l'abbiamo. Ma abbiamo la risposta del

---

[48] Villarosa, *Op.*, 11, 251-2. Ristampata nelle edizioni posteriori.
[49] *Opuscoli*, ed. Villarosa, 1, 250-1.

Corsini, del 19 gennaio 1726[50]. Era stato pronto a rifarsi d'animo il Vico, e a ritentare. E gli toccò un'altra dolorosa delusione. Il cardinale gli ridava sì buone parole, ma nessuna promessa, nessuna speranza; e accampava di quelle difficoltà che svelano il poco buon volere: "Nel particolare per altro del far conseguire qualche benefizio a cotesto suo signor figliuolo, io v'incontro delle difficoltà; imperciocché, oltre all'età tenera di esso figliuolo, che può fare non piccolo ostacolo, vi è da considerare ancora, che si trovano in oggi nel palazzo Apostolico tante persone di Regno, che non sì tosto vaca qualche cosa, che già prima assai della vacanza sentesi la provista".

Era vana fatica, dunque, battere a questa porta. E Vico, come soleva, scrisse malinconicamente sul dorso del foglio del cardinale : "Lettera di S. E. Corsini, con cui dice non poter procurarmi un beneficio da potervi ordinare un mio figliuolo"[51]. E, nel foglio stesso, dopo un mese, lo sconsolato filosofo, il 20 febbraio 1726, trovò la forza per offrire le sue più umili grazie, e dichiararsi convinto che "il differimento dell'effetto egli nasca ". E mitigava frattanto la sua avversa fortuna "con[52] la speranza, anzi fiducia di vivere sotto la potente protezione di S. E." .

Gennaro non si chiericò più: e, quando, quattro anni dopo, G. B. Vico ristampò, sempre a sue spese, pare, la *Scienza Nuova*, la dedicò un' altra volta al Corsini, già divenuto Clemente XII: "Al quale — racconta nelle aggiunte postume alla *Vita*, da Gennaro date a pubblicare più di mezzo secolo, certo, dopo che papa Corsini era morto

---

[50] In Villarosa, II, 252 e nelle edizioni posteriori.

[51] Dall'autografo.

[52] La lettera fu pubblicata anch'essa dal Villarosa, li, 172-3. In questa lettera, è detto che il figliuolo, che si sarebbe dovuto ordinare, era Gennaro.

anche lui — al quale era stata la prima [edizione], essendo cardinale, dedicata, e si dovette a Sua Santità anche questa dedicarsi!"[53] il Cardinal Neri Corsini, nipote a Lorenzo, gli dava, il 6 gennaio 1731, la consolazione della notizia, che questa seconda edizione aveva "incontrato nel clementissimo animo di Sua Santità tutto il gradimento Nient' altro.

Allora "colmato il Vico di tanto onore, — è il Vico che parla, — non ebbe cosa al mondo più da sperare: onde per l'avanzata età, logora da tante fatiche, afflitta da tante domestiche cure, e tormentata da spasimosi dolori nelle cosce e nelle gambe, e da uno stravagante male, che gli avea divorato quasi tutto ciò, ch'è al di dentro tra l'osso inferior della testa e 'l palato, rinunziò affatto agli studi"[54].

---

[53] Pag. 54 (ed. Pomodoro). Ivi, coni' è noto, è la lettera di N. Corsini.
[54] *Vita*, ediz. cit., p. 55.

III.

Il buon Gennaro continuò con amore gli studi sotto la direzione paterna[55], e pensò a farsi la strada col lavoro. E ne aveva bisogno. Giacché da Ignazio non ci fu mai nulla da sperare; Filippo era di cinque anni minore. E al padre, con l'età, cominciava a pesare indicibilmente quella scuola eterna che era costretto a tenere in casa, per ingrossare il magrissimo soldo universitario. Quando partirono quelle sanguisughe degli Austriaci, e venne a Napoli Carlo di Borbone, incuorato forse dal cappellano maggiore Celestino Galiani, il Vico si fece innanzi, chiedendo la carica di regio istoriografo[56], nel giugno 1734.

L'infante don Carlo, si ricordi, non era entrato in Napoli che il 10 maggio! Le strettezze del Vico dovevano essere grandi. L'animo amico del Galiani si scorge da questa consulta, ancora inedita, mandata al Montealegre:

Illustrissimo Signore,
Con riveritissimo biglietto di V. S. Ill.ma dei 30 del caduto mese ho ricevuto i supremi veneratissimi comandi di S. M., che Iddio guardi, di riferire sopra un memoriale presentato alla M. S. da Gio. Batista Vico lettore di Rettorica in questa Regia Università; in cui, dopo avere esposte le sue dotte fatiche letterarie, supplica S. M. della carica di suo Istoriografo;

---

[55] Vedi Villarosa, *Ritratti poetici*, ed. 1842, pp. 61-62.

[56] La supplica del Vico è passata nella *Raccolta degli autografi di scienziati ed artisti*, esposta nel Museo dell'Archivio di Stato di Napoli, insieme con la relazione inedita del Galiani. che io pubblico. Una copia di entrambe è nel vol. XIV, incartamento 13, delle *Scritture diverse raccolte dalle Segreterie di Stato di Acton*. La supplica del Vico fu pubblicata, il 19 aprile 1885, nella Napoli letteraria, giornale della domenica, a. II, n. 16 — Devo alla cortesia dell'erudito prof. N. Barone se ho potuto rintracciare nell'Archivio di Stato i documenti inediti su G.B. e Gennaro Vico, di cui mi servo in questo lavoro.

25

acciocché possa coronar i suoi studj col mandare alla posterità le gloriosissime gesta della M.S.

Su di ciò con tutto il maggiore ossequio debbo riferire a V. S. Illma, esser più che vero quanto il suddetto Vico espone delle sue opere date alla luce. Egli è certamente uno de' primi lettorati d'Italia, e singolarissimo ornamento di questa Regia Università, a cui colle sue dotte fatiche è stato di grand'onore.

È pur vero, ch'egli sia il decoro di tutt'i lettori della medesima Università, ed insieme poverissimo, non rendendogli più la sua cattedra, dopo il lungo corso di tanti anni che serve il Pubblicò, che cento ducati l'anno, oltre a pochi altri ducati, che ricava dalle fedi, che fa per gli studenti che dagli studi di lettere umane passano a quei delle leggi: e trovandosi carico di famiglia, trovasi certamente in grande miseria, dalla quale recargli qualche sollievo in questi ultimi periodi della sua vita sarebbe cosa degnissima della somma regal Clemenza e carità della M. S.

Qui finora non vi è stato l'impiego d'Istoriografo. Ma ora, che 'l Signore Iddio ha fatto a questo Regno il tanto desiderato beneficio di concedergli un proprio Re, che qui risegga, nella maniera che praticasi negli altri stati ben regolati, un tal impiego vi vorrebbe; e il detto Vico certamente sarebbe abilissimo ad esercitarlo con tutto il maggior decoro ed applauso che potesse desiderarsi[57].

E sottoponendo tutto all' alta comprensione della M. S. con tutta osservanza resto

Di V. S. Ill.ma

---

[57] Nella minuta di questa consulta (Arch. Sta. Napoli, Relaz. del Cappellano Magg., vol. 6°. dal giugno 1732 all'agosto 1735) sono dopo questo punto cancellate le parole seguenti: "Quando poi piacesse al Regal animo di S. M. onorare e consolare un vecchio di tanto merito, coll'appoggiargli la suddetta carica di suo Istoriografo, per assegnargli una mercede che non fusse di peso al Regio Erario, gli si potrebbe assegnar una pensione ecclesiastica di quella quantità che alla M. S più piacesse, sopra qualche Vescovato di regia prelazione allora quando ve ne sarà l'apertura".

Napoli 5 luglio 1734.

Dev.mo ed obl.mo Servidore
C. Arcivescovo di Tessalonica
Cappellano Maggiore

Ma Carlo ebbe da pensare ad altro, allora, che alla nomina del suo istoriografo. Solo il 2 luglio dell'anno seguente, il Montealegre annunziava al Galiani clie il re s'era degnato onorare G. B. Vico del titolo ed impiego di suo istoriografo. E fu "notizia applauditissima" in Napoli, secondo riscriveva il cappellano maggiore, pronto, il 17 di quello stesso mese, a sollecitare il decreto nei termini più onorevoli per il vecchio Vico[58]. E il 22 luglio, finalmente, quel ministro comunicava al filosofo la sua nomina, e l'assegno di *otros cien ducados*[59].

Meschino soldo anche questo: ma, comunque, aggiunto a quello che il Vico percepiva da 38 anni, lo raddoppiava. Né qui si arrestarono le premure di Celestino Galiani. Il 26 luglio, cioè dopo 4 giorni che il Vico ebbe notizia del raddoppiamento del suo soldo, fu nominata una commissione, già sollecitata dal Galiani stesso, incaricata di proporre le riforme possibili per un migliore assetto dell'organico dell'università.

La commissione, di cui fu a capo il Galiani, si riunì alla presenza del segretario di Stato, marchese de Montealegre e del Tanucci, e il 9 ottobre 1735 presentò una

---

[58] Questo doc. da una copia esistente nella biblioteca della Soc. nap. di storia patria, è stato pubblicato da M. .Schipa, *Carlo di Borbone*, pp. 739-40; e dal Croce, *Bibliogr.*, p. 85-6.

[59] Pubbl. la prima volta dal Villarosa, nelle aggiunte sue alla *Vita* del Vico, *Opusc.* I, 163 : quindi ristamp. in tutte le edizioni della *Vita*.

Relazione per la riforma dell'Università. In essa, la cattedra di Vico non era dimenticata: "Dell' Eloquenza latina col soldo di ducati 100. Si esercita dal dottor Giambattista Vico, Istoriografo della M. V.; secondo la nuova pianta avrà di dote ducati 200" [60] . Il 2 novembre successivo, il re approvava su questo punto la proposta della commissione; che era stata particolarmente raccomandata da Bernardo Tanucci, nella sua relazione sulle proposte della commissione del 17 ottobre [61] . Il Tanucci anzi avrebbe voluto che, in riguardo della persona *"por el merito, por la necesidad y honrra de Istorico R.° que tiene Juan B.ª de Vico... à lo menos se le deviesen asignar otros cientos"*. Non si volle confuso il valore della cattedra con quello del cattedratico! Ad ogni modo, erano altri 100 ducati: non aveva mai sperato tanto il Vico dalla sua misera cattedra quadriennale (un posto di straordinario d'oggi!).

Ma don Giambattista non reggeva più alla fatica dell'insegnamento. Gennaro, non saprei dire, se dottorato in legge, frequentava la Vicaria, e cercava anche lui di fare un po' di quattrini, come avvocato. E il padre, che gli aveva insegnato con tanta cura il latino, e fatto leggere gli scrittori, cominciò anche a farsi aiutare, dapprima, forse, nel suo insegnamento privato.

Giacché, com'ho accennato, il Vico aveva sempre

---

[60] Vedi detta Relazione, f.º 196: Arch. Sta. Nap., *Scritture diverse della cappellania maggiore*, vol. 34. Di questa relazione e dell'esito che ebbe, rese conto sommario il prof. F. Amodeo, Le riforme universitarie di Carlo III e Ferd. IV Borbone, negli Atti dell'Acc. Pont. s. 2ª, vol. VII. 1902, p. 11 sgg.

[61] Al soldo della cattedra si riferisce infatti l'estratto di questa relaz. del Tanucci, copiato, a quel che pare, da F. Daniele e pubbl. dallo Schipa, *Carlo Borb.*, p. 740, n. 3 e dal Croce, *Bibl.*, p. 86. 1 *"doscientos duc."* che sembravan *pocos* al Tanucci, erano proprio quelli proposti per la cattedra di eloquenza.

tenuto in casa una scuola di eloquenza e lettere latine[62], frequentata dai figli dei "più scelti gentiluomini della Capitale". E uno scolare del Vico ci dice che questi

in casa abbassavasi fino a spiegar Plauto, Terenzio e Tacito. Conservava nondimeno in questa stessa sua umiliazione tutta la grandezza del proprio carattere. Erano da lui, come di passaggio, avvertiti i vezzi della lingua, le origini e proprietà delle voci, la bellezza e signoria delle espressioni. Ma nell'affacciarsi alla sua mente le immagini delle nostre passioni, a miracolo dipinte in Plauto o Terenzio, penetrando egli ne' più segreti recessi del nostro cuore, in trattene vasi lungamente a scoprire lo sorgenti delle umane azioni: e quindi scorrendo di dovere in dovere, secondo le varie relazioni che noi abbiamo con Dio, con noi medesimi e cogli altri uomini, passava a descrivere le prime linee della moral filosofia e del diritto universal delle genti, condotte poscia a maggior lume e dimostrate in pratica sulle acutissime riflessioni di Tacito[63].

In questa scuola privata, Gennaro dovette fare le sue prime prove d'insegnante, sotto la direzione del padre. Ma le condizioni di questo s'aggravavano sempre più; e già non si sentiva le forze di trascinarsi fino all'università, per le sue ordinarie lezioni.

Il 1° settembre 1736, un entusiasta ammiratore del Vico, professore di metafisica a Padova, il domenicano fr. Niccolò Concina, per notizie avute allora da Napoli (forse

---

⁶² Villarosa, nelle sue *Aggiunte* alla *Vita* del Vico.

⁶³ Solla, *Vita di G.B. Vico*, in *Giorn. Arc*, 1830, t. XLVIII, p. 95. Per questa scuola privata devono essere state scritte le *Annotazioni sopra gli Annali di C. Tacito*, pubblicate nel 1840, nell'ediz. Jovene delle Opere. IV, 409-418. Ad essa devono anche appartenere la maggior parte dei mss. vichiani posseduti dal sig. Raffaele Mottola, sui quali v. la Rassegna critica d. lett. it., del prof. Pércopo, II, 95.

da suo fratello Daniele, amico anch'egli del Vico)[64], e per quello che doveva avergli detto di sé il Vico stesso, gli scriveva: "Ella si faccia coraggio, e si governi, ed io non mancherò di pregare il Signore, che la conservi, e rinvigorisca per suo, e mio, e comune vantaggio del Mondo letterato. Mi riverisca quel suol figliuolo, che intendo di essere di una grande espettazione, per cui sento un ardentissimo amore, e gli bramo ogni miglior fortuna"[65]. E il Vico gli rispondeva, il 16 dello stesso mese: "La lode del profitto, che Gennaro mio figliuolo, che umilmente v'inchina, fa negli studi migliori, la qual scrive esserle con piacere giunta all'orecchia, e l'amore che gentilmente perciò gli portate, gli sono forti stimoli a più vigorosamente correre la strada della virtù"[66].

Questa voce giunta fino a Venezia, dove, in quei mesi, trovavasi il Concina, doveva esser nata dall'approvazione generalmente incontrata da Gennaro, quell'anno, per aver cominciato a sostituire felicemente il padre nella cattedra di rettorica, con gran compiacimento di quanti stimavano e amavano il Vico, e gli desideravano pace all'età stanca. Gennaro, quell'anno, cominciò infatti il suo insegnamento universitario, come sostituto del padre; e divenne poi il titolare della cattedra, che conservò, come vedremo, fino al 1805. Ma ecco come in una supplica indirizzata a Ferdinando IV al principio del 1797, lo stesso Gennaro ricordava da vecchio l'inizio del suo insegnamento. Nelle sue parole trema ancora la commozione che il giovane provò, nel '36, a prendere il posto del padre e maestro venerato:

---

[64] Cfr. il brano di lett. di Niccolò a Daniele, pubbl. da B. Croce, *Bibl.*, 107, 8.
[65] In Villarosa, 11, 274, e nelle raccolte posteriori.
[66] In Villarosa, II, 210, e nelle raccolte posteriori.

S. R. M.

Signore,

Gennaro Vico, pubblico professor di rettorica nella Vostra Regia Università de' studj di Napoli, prostrato a' piedi del Vostro Real Trono umilmente l'espone, come finora ha avuta la gloria d'aver servito la M. V. ben sessantanni, lungo corso della vita d'un' uomo, elio è quanto dire fin da che la M. V. era nel seno dell'Eternità : onde ora è il Decano dell'Università. Poiché Gio. Battista Vico, suo padre, mancando di giorno in giorno per le sofferte lunghe fatighe del tavolino, tarlo potentissimo a rodere insensibilmente la salute del corpo : al che si aggiungeva, che a misura che le forze del corpo gli s'indebolivano, del pari l'abbandonava il vigor della mente, logorata dalle continue profonde meditazioni, il supplicante mal soffrendo di vederlo con tanto stento strascinarsi per andar a far lezione, d'inverno, in tanta distanza, glie ne dimezzò la fatiga con incaricarsi prima della dettatura, perchè, quando poteva, venisse Egli a farne la spiega. Un giorno, mentre dettava, venitegli talento, per liberamelo intieramente, di avventurarne anche la spiegazione: Dio sa con qual ribrezzo e palpitazione; e Dio gliela benedisse. Bastogli questo primo cimento, che gli era stato il più difficile e pericoloso, che tornato in casa disse a suo padre, che avesse pensato solamente a tirar avanti la sua vita, e a non più imbarazzarsi della lezione: narrandogli il tentativo fatto, e quanto gli era riuscito felice. Andò a darne parto a Monsignor Galliani, allora Cappellano Maggiore, il quale dimostronne sommo piacere, e d'allora cominciò, forse per ciò che disegnava, a non far passar quasi settimana che non venisse a sentirlo per la spiega in latino, com' è costume: e per maggiormente esporlo, gli diede l'incarico di far l'Orazione per l'apertura de' studj. Finalmente dopo d'aver servito per quattro anni da sostituto di suo padre, ne umiliò supplica all'Augustissimo Vostro Genitore di gloriosissima memoria, ed ottenne dalla di Lui Real Clemenza, in virtù di favorevolissima consulta del Cappellano Maggiore, la Cattedra in proprietà nell'anno 1740; lo quale di padre in figlio già n'è scorso un secolo, che per Sovrana Munificenza gode sua casa, avendola detto suo padre ottenuta nel 1696[67].

Lasciando passare quest'ultima data, che, in una supplica di poco posteriore, lo stesso Gennaro corregge in 1697, per l'esattezza storica bisogna avvertire due *lapsus memoriæ* ne'quali incorre il più che ottuagenario Vico secondo: l'una, che la orazione per l'apertura degli studi, la prima sua orazione, fu letta da lui non prima, ma nello stesso anno in cui ebbe la cattedra in proprietà; e l'altra, che la cattedra ei non l'ebbe nel 1740, ma nel gennaio 1741. Ne abbiamo i documenti.

Vista la buona prova fatta per quattro anni da Gennaro, o preoccupandosi dello stato di Giambattista, l'ottimo Galiani volle, al principio dell'anno accademico 1740-41, regolare e assicurare la condizione del primo nell'università. Egli dové esortare il vecchio filosofo a presentare al sovrano la seguente supplica, che ci rimane, autografa, nell'incartamento del relativo espediente di Consiglio: e che io pubblico per la prima volta. E il pietoso testamento di Vico, che chiede di lasciare al figliuolo quella cattedra, che bene o male, era servita a sostentare la famiglia sua.

S. R. M.

---

[67]Arch. Sta. Napoli, Espedienti di Consiglio, fascio 837, 1°, 12 dicembre 1797. — Questo non è che un brano, da principio, della istanza, di cui un altro brano darò innanzi.

Signore,

Gio. Battista Vico, Historiografo regio, e Professor d'Eloquenza ne' Regj studj, prostrato a piedi della M. V., umilmente supplicandola, l'espone, come esso da quaranta e più anni ha servito e serve in questa regia Università nella cattedra di Rettorica, col tenue soldo di cento ducati annui[68], co' quali miseramente ha dovuto sostentar sè, e la sua povera famiglia; e perchè ora è giunto in un'età assai avanzata, ed è aggravato, e quasi oppresso da tutti que' mali, che gli anni, e le continue fatighe sofferte soglion seco portare; e sopra tutto è stretto dalle angustie domestiche, e dalli strapazzi dell'avversa fortuna, da' quali sempre, ed ora più che mai troppo crudelmente viene malmenato ; quali mali del corpo accompagnati ed uniti ai più potenti, quali sono quelli dell'animo l'hanno reso in uno stato affatto inabile per la vita, non potendo più trascinare il corpo già stanco, e quasi cadente; di maniera che miseramente vive quasi inchiodato in un letto: per la qual cosa si è veduto nella necessità di sostituire in suo luogo interinamente nella Cattedra della Rettorica un suo figliuolo, per nome Gennaro, il quale da più anni s'ha indossato il peso di questa carica, ed in essa se ne disimpegna con qualche soddisfazione del pubblico, e della gioventù; del che ne può essere bastante pruova il mantenersi l'istessa udienza, o ristesse concorso di giovani, che esso supplicante soleva avere; e perchè esso già si vede in età cadente, e dall'angustie presenti nelle quali esso od i suoi vivono, ne considera e prevede le maggiori, nelle quali la sua povera famiglia dovrà cadere cessando esso di vivere: laonde supplica umilmente la Vostra Real Clemenza a volersi degnare con suo real ordine di conferire la futura sostituzione propietaria della mentovata Cattedra di Rettorica in persona di detto suo figliuolo, acciocché la sua famiglia, dopo la sua mancanza, possa almeno avere un qualche ricovero, donde in qualche maniera tener da sé

---

[68] Il Vico qui ricorda lo stipendio goduto per 38 dei suoi 43 anni di servizio.

lontana una brutta e vergognosa povertà, nella quale certamente anderà a cadere; e lo riceverà dalla Vostra Real Munificenza a grazia *ut Deus*[69].

Dal 1737 ministro dell'ecclesiastico era quel Gaetano Maria Brancone, persona dottissima, al dire dei contemporanei[70], che giù abbiamo incontrato in relazioni letterarie col Vico. Il quale, nel 1735, nella raccolta per le nozze di don Raimondo de Sangro, principe di Sansevero, con donna Carlotta Gaetani di Laurenzana, indirizzò a lui un sonetto, in cui malinconicamente gli diceva:

Né corone, né ostro, o gemmo ed auro
Giammai mi ponno, o mio Brancon gentile,
Rimenare il mio già caduto aprile;
Né qual serpe di nuovo al sol m'inauro;
(...)
Da la tremante man cade lo stilo,
E de' pensier si è chiuso il mio tesauro[71].

Il Brancone conosceva, dunque, da vicino lo stato del Vico. E appena avuta la supplica, si affrettò a trasmetterla, per la consulta, al Galiani con questo decreto[72]:

Ill.mo Signore,

Haviendo recurrido al Rey con el memorial incluso Juan Bap.ta de Vico haciendo instancia que en remuneracion de sus largos y

---

[69] Arch. Sta. Napoli. — B. segreteria dell'ecclesiastico. — Espedienti di Consiglio, gennaio, 1741: fascio 42: *Cautelas de la semana de 8 por torlo los 14 de Enero de 1741.*
[70] Schipa, *Carlo Borbone*, p 360.
[71] *Opere*, ed. Pomodoro, VI, 327.
[72] *Dispacci dell' Ecclesiastico*, vol. 3(3 (nov. 1740 — genn. 1741),c. 104 b.

34

señalados servicios so digne conferirà Genaro su hijo la Cathedra de Rectoria (*sic*) que està exerciendo con la aprovacion que es notoria por la indisposicion del suplicante. Me ha ordenado S. M. remitirlo à Usted para que informe con lo que se le ofreciere y pareciere; D. G. Nap. À 31 do dic.ʳᵉ 1740.

G. M. B.

Il Galiani intanto era dovuto tornare a Roma per le trattative del concordato, che indi a poco si conchiuse. Ma, dopo soli sei giorni dal decreto del Brancone, egli scriveva e spediva la seguente consulta, nobilissima per le cose che dice, e pel modo:

S. R. M.

Si è servita V. M. con lettera della Segreteria di Stato per gli affari ecclesiastici dei 31 del caduto mese rimettermi un memoriale di Giambattista di Vico, regio istoriografo, e professor d'eloquenza ne' regj studi: nel quale dopo aver esposto il suo lungo servizio renduto a' regi studj per lo spazio di quaranta anni coll'annuo soldo di soli cento ducati, fin a tanto che la sovrana clemenza di V. M. gliel'accrebbe fino a dugento; e le angustie della sua povera famiglia, ch'egli prevedo assai maggiori colla sua morte non molto lontana, attesa la sua età troppo avanzata, e le malattie del corpo, che soffrisce; supplica la M. V. che con suo regni chirografo voglia degnarsi conferire in proprietà a Gennaro suo figliuolo la cattedra d'eloquenza, che egli, facendo le veci d'esso supplicante, esercita da qualche anno a questa parte. Non vi è dubbio, S. M., che il supplicante Giambattista di Vico è benemerito della Regia Università degli Studj, alla quale egli colle sue dotte fatiche ha fatto molto onore; e perciò richiede la pubblica gratitudine, che gli si abbia qualche riguardo. Il suddetto suo figliuolo Gennaro è giovane d'abilità, e nell'esercizio della detta cattedra incontra certamente tutto l'applauso. Solo mi dà fastidio, ch'egli nell' istesso tempo pensi applicarsi al foro, perchè, il dover frequentare la Vicaria, che richiede certamente tutto l'uomo, e fare 'l professore in una cattedra d'eloquenza, che richiede profondo studio degli autori greci e latini de' migliori tempi, sono due mestieri, che insieme non possono star bene, e per necessità conviene strapazzare o l'uno o l'altro, o pure amendue Quindi sarei di parere quando non sembri altrimenti al purgatissimo giudizio della M. V., che potesse il supplicante rendersi consolato, ogni qualunque volta però si fusse certo, che il suo figliuolo, lasciate da parte le occupazioni forensi, fusse per voltar tutto l'animo suo agli studj di eloquenza, ed a quei, che sono necessari per riuscir eccellente in tal non facile e stimatissima professione. Che è quanto su di ciò ho stimato dover sottoporre alla sovrana comprensione della M. V. La Sagra Regal Persona il Sig.ʳ Iddio sempre più prosperi e conservi.

Roma, 6 gennaio 1741.

Umilissimo Vassallo e Cappellano
C. Galiano Arciv.º di Tessalonica[73]

---

[73] Nell'incartamento cit. degli *Espedienti di Consiglio: Cautelas de semana 8-14*, I, 1741. La minuta di questa consulta è nel vol. 4º delle *Relazioni del Cappellano maggiore, dal 6 genn. 1741 al 26 maggio 1741* (mandate da Roma alla corte di Napoli).

Non era giunta da Roma questa consulta, che il Brancone portò, il 12 gennaio, la supplica del Vico col parere del Galiani in Consiglio di Stato. E, in quel giorno, sollecitò da Carlo il seguente decreto, che si legge a fianco della relazione della segreteria di Stato al re[74]:

A 12 gennaio 1741. — Nel Consiglio di Stato:

Essendo il supplicante benemerito della R. Università degli Studj, alla quale egli colle sue dotte fatiche ha fatto molto onore, ed essendo il suo figliuolo Gennaro giovane di abilità, e nell'esercizio della suddetta Cattedra avendo incontrato tutto l'applauso, S. M. si è degnato conferire in proprietà a Gennaro la suddetta Cattedra di Eloquenza, la quale egli ha esercitata facendo le veci di suo Padre da qualche anno a questa parte.

Si vede che il Brancone non credette necessario accertarsi prima, che Gennaro abbandonerebbe il foro. E, quel giorno stesso, poteva far riporre tutto l'incartamento con la nota apposta sotto il decreto ora riferito: *ex.^{do} en dicho dia a là sec.^{ria} de Hazienda y al M. Capellan M.^r*.

Infatti recano la stessa data del 12 gennaio, i due seguenti dispacci del Brancone al segretario dell'azienda Giovanni Brancaccio, e al l'*obispo de Puzol*, cioè a Nicola de Rosa, vescovo di Pozzuoli e cappellano maggiore interino, nell'assenza del Galiani.

a Brancaccio, Decreto:

Precedente supplica que ha hecho al Rey don Juan Bap.^{ta}de Vico Historiografo Regio para que se confiera à su hijo Don Genaro la

---

Cathedra de Eloquencia en la Universidad de Estudios que posehe y presentemente la està exerciendo el misrno. respecto à que por la edad muy adelantada en que se alla, y por los muchos achaquos que lo linn sobrevouido, no puede continuar il desempenarla, corno por lo pasado, ha venido S. M,, od atoncion a ser el suplicante benemerito do la Universidad de los Estudios, àla qual con sus doctas obras ha hecho honor, y par consiguiente os capaz de publica gratitud, y assimismo à que su hijo Genaro es do mucha habilidad corno lo ha. maniiestado de algunos aùos à està parte en el exercicio de la mencionada Cathedra supliendo las veces de su Padre, en conferir en propriedad por gracia especial el dicho D. Genaro de Vico la citada Cathedra de Eloquencia, con el sueldo que à la misma està señalado, en romuneracion de las circunstancias expresadas. Y de Real orden lo prevengo à Usted por que por la Secretarla à su cargo se dè lo conveniente à la Contadoria principal, por que execute el asiento y libramento de dicha cathedra y sueldo, à favor del citado Genaro do Vico, y que se le satisfaxa, corno y quando à los demas cathedraticos.

D. G. — Pal. à 12 de Enero 1741. G. M. B[75].

Al Obispo de Putol:

Ill.mo Sig.[r]

Atendiendo el Rey à la supplica que le ha hecho Dn Juan Bapt.[a] de Vico Historiographo Regio, y Cathedratico de la Eloquencia en la Universidad de los Estudios, paraque en resguardo à la edad adelantada que tiene, y à los muchos achaquos que lo han sobrevenido, y le impiden de poder continuar à esercer la dicha cathedra, como lo ha executado por lo passado con mucho

---

[75] *Dispacci dell'Ecclesiastico*, vol. 36 (nov, 1740 — genn. 1741). carte 131 t.— 132 t.

beneficio de la misma Universidad y de los Estudiantes, se dignase conferirla a D.ⁿ Genaro su hijo, que la està presentemente desempefiando con publica satisfacion; i teniendo su Mag. al mismo tiempo consideracion à que el suplicante es benemerito de la Universidad de los Estudios, à la qual con sus doctas obras ha hecho mucho honor, por lo que es capaz de una publica gratitud, y assimismo à que su hijo Don Genaro es de mueha havilidad, come lo ha manifestado do algunos años à està parte en el exercicio de la mencionada Cathedra, supliendo las vezes de su Padre, se ha dignado por grada especial conferir en propriedad al referido D.ⁿ Genaro de Vico la enunciada cathedra de Eloquencia, con el sueldo que està señalado à la misma en remuneracion de las circunstancias expressadas: i de orden de su Mag.ᵈ lo prevengo à Usted. à fin (pie en està inteligencia disponga su complimiento, pues ya se ha dado lo conveniente à la contaduria principal para el asiento de la Cathedra y libramento del sueldo. Dios guarde. Pal.º à 12 de Enero 1741 = Ill.mo Sig.ʳ Don Gaetano M.ᵃ Brancone[76].

Questi documenti rettificano le inesattezze in cui incorse il Villarosa, nel suo racconto di questo passaggio della cattedra dal Vico padre al Vico figlio; dove attribuisce al proprio congiunto Nicola De Rosa [77] il merito di quest'ultimo omaggio reso dallo Stato di Napoli alla gloriosa vecchiezza di G. B. Vico.

Dev'essere poi del Brancaccio questo altro dispaccio, di cui ho trovato copia a capo dei pagamenti del soldo di ducati '200, per rate quadrimestrali, a Gennaro Vico dal 1752 in poi, in un Ordinario della Scrivania di razione:

---

[76] *Dispacci dell'Ecclesiastico*, vol. cit., cc. 128 b — 129 b.

[77] Nelle *Aggiunte* alla *Vita* del Vico, *Opuscoli* 1, 164 e nella Prefaz. allo stesso vol. p. XV. Secondo il Villarosa, il vescovo di Pozzuoli avrebbe riferito al re sull'istanza del Vico padre.

Su Magestad con Reai orden de 12 de Henero de 1741, compadecidode los muchos achaques y años que tiene Don Juan Bapt.ta de Vico Istoriografo Regio, por cuyos motivos suplicò a su Real piedad se dignaso conferir à Don Genaro de Vico su hijo la citada cathedra de la Universidad de los estudios que sirve de algunos años à està parte por sus indisposiciones, vino en conceder por gracia especial la mencionada Cathedra à Don Genaro de Vico, en atencion à su abilidad, y al mucho honor y credito con que la desempeña y à los particulares meritos de su Padre y mandò se lo considerase y pagase el sueldo que le correspondia desde el mismo dia 12 de Henero do 1741, en adelante al mismo tiempo ùque à los demas cathedraticos.

Nell'*Ordinario* segue la nota: *cuya gracia fuè confirmada con otra Real Orden de S. M. de 18 de. sept.re de 1745*[78]; cioè, dopo la morte del padre, e in perpetuo.

Quando si diffuse la notizia, nel gennaio 1741, fu anch'essa"applauditissima" per Napoli. Francesco Serao scrisse al venerando filosofo, congratulandosi vivamente che fosse toccato a un Napoletano la lode di aver promosso un sì nobile e liberale provvedimento, qual era la promozione di Gennaro *iuvenis doctrinae probitatisque laude florentissimi*: e pensava che fosse dovuta al Vescovo di Pozzuoli o al Brancaccio, o ad entrambi. "Io – soggiungeva – che sono uno dei tanti, ma per niente con uno spirito volgare o stravagante, inseguo il decoro e le comodità della

---

[78] Scrivania di razione — *Ordinario I: Settori pubblici* 1754-1805, vol. 32, c. 23. In questa carta e nella successiva, sono segnati tutti i pagamenti fatti a Gennaro Vico dal 1° dic. 1752 al 5 aprile 1783. A c. 134, ricomincia la nota dei pagamenti al medesimo dal 6 giugno 1783 al 2 giugno 1797. — A piè del doc. riferito nel testo, è avvertito che il real ordine del 1741 acompaña et *Pliego de la far Contadoria Principal del mismo* (G. Vico); e la conferma del 1745 *acompaña el Pliego de D.n Blas Troise,* ossia il Dispaccio del 18 settembre 1745 firmato dal Brancone, che ricorderò più innanzi.

tua famiglia; tale promozione deve essere ottenuto in tribunale, pensano. Sicuramente non seguirà nulla da ciò; niente di tutta la scuola è stato più onorevole, e forse più fruttuoso [79].

Tra le carte di Gennaro si trova anche l'orazione che egli lesse nell' occasione dell'apertura degli studi, il primo anno che ebbe da titolare la cattedra che era stata del padre. Trattò questo tema: *Sola efficax voluntas litterarum studiosam Juvenitutem perquam doctissimam efficere potest.*[80]

Ma giova qui riferirne l'esordio:

Quando ebbi lungamente e molto meditato con me stesso come sarebbe difficile pronunciare su questo luogo le parole più ampie, nelle quali trovo che non sia necessario portare altro che l'ingegno elaborato e l'industria perfezionata e levigata: ché è da dirsi, in questa assemblea così affollata da tanti dotti predecessori, grandissimi padri e dottissimi lettori. Affollato e stipato di ascoltatori, la mia mente sempre più pregava di superare il pericolo di questo giorno, giacché mi ritenevo sia rozzo di parola e ignorante in tutte le cose, e quasi uno straniero, e la mia forza debole per questo grande fardello, che mi impegno comunque ad assumermi; perché quando ero stato impegnato in questo per molto tempo, ho capito che le mie spalle non potevano sopportarlo affatto. Sbalzato da tante e tante difficoltà, che m'impedivano questo desideratissimo avvicinarsi alla lode, mi assunsi il dovere di pietà filiale verso mio padre, che più

---

[79] Lett. pubbl. da B. Croce, *Bibl.,* p. 109. [*Ego,— qui unus e multis, sed minime vulgari aut tralaticio animo, familiae tuae decora atque commoda prosequor, nullum finem faciam plausu ac praedicatione tam illustre facinus concelebrandi: tum animus est collegas lectissimos eccitandi, ut de gratiarum actione, tamquam pro publico ingentique beneficio ad supremos aulae Proceres habenda, cogitent. Nihil profecto sequius; nihil universae scholae honorificentius, fortasse et fructuosius, fuerit"*].

[80][“Solo un effettivo desiderio di letteratura può rendere estremamente dotto un giovane studioso".]

meritavo, quando lo vidi quasi consumato dalla vecchiaia e dalle infermità, logorato per la salute, ed afflitto anche da avversa fortuna, che all'epoca infuriava quanto più possibile, il suo corpo debilitato ed io non osavo neppure figurarmi, credetti giusto che dovessi in qualche modo sostenere la sua età che avanzava; e così, in un certo senso, mi venne in mente di prender il suo posto. Sebbene il paragone sia terribile, ed un ruolo simile impossibile da riempire; anzi, fingendo di dovere un qualche gesto verso mio padre, pensavo di poter facilmente sfuggire al vizio della temerarietà, e che con una professione di pietà, se non qualche lode, almeno pensavo che sarebbe stata degna di scuse. Quando finalmente mi fece rivivere e rinnovò il consiglio del nostro Munificissimo e Saggissimo Re, con il quale si compiacque di includermi nel numero ordinario dei Predecessori[81]; perché, con sì gran numero e sì ottimo numero, mi riteneva degno e pari, senza alcun pericolo per la mia anima. La sua mente santissima, che informa e ispira questo corpo civile quasi incommensurabile, e tutto governa e dirige con ragione e disegno in ordine e diritto, credevo che avesse visto di più, e le forze del mio genio, che non sentivo in me, che aveva cercato meglio e guardato più da vicino dentro; soprattutto nel giudizio dell'Augusto Principe, che sarà la mia più grande difesa contro i detrattori, dovrei piuttosto assumere questo onere che mi è stato imposto con uno spirito zelante, che ho deciso di deporlo.[82]

---

[81] Queste parole non potevano essere scritte prima del 12 gennaio 1741. Ma l'orazione doveva già essere preparata dalla metà di dicembre, perchè, in un angolo dell'ultima pagina (che fa da copertina al ms.), si legge, della mano stessa di Gennaro, una fede di studi in data "*Neap. X Kal. Januari Anno MDCCXLI*" (ossia 23 dic. 1740). Il che significa che il Biancone e il Galiani avevano già assicurato l'esito della supplica al Vico.

[82] ["*Cum ego diu multumque mecum animo volutassem quam difficile sit ex hoc loco ad dicendum amplissimo verba facere, in quem nihil nisi ingenio elaboratum et industria perfectum et perpolitum adferri oportere comperio : dicendum est enim in hoc tam frequenti consessu tot doctissimis Antecessoribus, amplissimis patribus, lectissimisque Auditoribus referto et constipato, magis magisque huius diei subeundum*

Il manoscritto fu riveduto dal padre, che segnò qua e là, in margine, qualche parola da aggiungere. Così, a un certo punto, Gennaro diceva: "Non c'è affetto dell'anima così caratteristico dell'uomo come la curiosità, che non è altro che una specie di desiderio di indagare la verità, per mezzo del quale tutti perseguono la vera conoscenza delle cose cercando le cause delle cose"[83]. E il padre aggiungeva al margine un fiore poetico: *"unde:*

Felix qui potuti veruni cognoscere causas"[84]

---

periculnm animus despondebat, cum me et dicendi rudem et rerum omnium imperitum ac pene hospitem, et meas infirmas vires huic tanto oneri, quod suscipiendum aggredior, omnino impares reputarem; nam cum id diu usquequaque versassem, humeros meos prorsus perferre non posse intelligebam: ad lime et summus timor, pudorque meus et vestra dignitas me quoque ab incoepto deterrebat. His tot tantisque difficultatibus jactato, quae me ab hoc optatissimo laudis aditu prohibebant, occurrebat pietatis erga optime de me meritum patrem officium, quum eum conspicerem senio malisque pene absumptum, curis confectum, et adversa fortuna usque vexatum et nunc quam maxime saeviente, corpus vix ac ne vix quidem traliere, aequum esse duxi me labentem jam aetatem ejus aliqua ex parte substentare; atque ita quodammodo in animum induxi meum ejus vices. quamquam deterrima comparatione, explere; etenim erga patrem officium pretendendo, me facile temeritatis vitium effugere posse, eaque pietatis professione, si non aliqua laude, at certe excusatione dignum fore arbitratus sum. Cum tandem aliquando me recreavit refecitque Munificentissimi et Sapientissimi Regis nostri consilium, quo me in ordinarium Antecessorum numero referri placuit; cum enim me hoc tanto tamque praeclaro numero, nullo ingenii mei periculo facto, dignum et parem censuisset. ejus sacratissimam mentem, qua hoc pene immensurn civile corpus informat et inspirat, et cuncta ratione et consilio recte atque ordine regit et moderatur, plus vidisse, et meas ingenii vires, quas ego in me non sentirem melius perlustrasse et penitius introspexisse putavi: quapropter auctus animo, Augustissimi Principia praesertim judicio, quod mihi maximum ad versus obtrectatores propugnaculum esse poterit, hoc mihi impositum onus alacri animo suscipiendum potius. quam deponendum censui"].

[83] [*"Nulla animi affectio hominis tam propria, quam curiositas, quae nihil aliud est, quam veri quaedam investigandi cupiditas, qua cuncti rerum causas rimando veram rerum scientiam prosequuntur"*].
[84] [*"Felice colui che poté accertare le cause della malattia"*].

E già, col consiglio del padre e sulle orme di consimili orazioni di lui, Gennaro aveva dovuto scrivere questa sua. Si scoprono, in fatti, in più luoghi i soliti pensieri, i soliti movimenti oratorii di Giambattista. Gennaro dice ai giovani: "Non essere bramoso e oziosamente supino ai deideri, affinché la Sapienza cada dal cielo nel tuo seno... è necessario prendere in prestito da questa saggezza pubblica quanto le cose buone che possono essere sufficienti per portare avanti la vita"[85]. E il padre, nella solenne orazione *De mente heroica* (1732) aveva detto, con ispirazione bensì molto più alta: "Non concepire voti supini, affinché la Sapienza cada dal cielo nel grembo dei voti addormentati, lasciati muovere dal suo desiderio efficace, affronta i tuoi pericoli con fatica malvagia e invincibile, che puoi... scuotere le tue menti; e sii caloroso con Dio, di cui siete ricolmi"[86].

Gennaro, adunque, consolò gli anni estremi del padre. Nei primi tempi, da che la sua infermità l'ebbe costretto all'inerzia, Gennaro gli alleviava il fastidio delle lunghe ore oziose con la lettura di qualche scrittore latino[87]. Poi il Vico non fu più capace né anche di udire quella lettura.

Negli ultimi quattordici mesi di sua vita, com'è noto[88], G.B. Vico fu un tronco muto e immemore. Le intere

---

[85] ["*Ne desides et inertes supina vota concipiatis, ut vobis in sinu de coelo decidat Sapientia... Neve imperitum hominum vulgus imitemini, qui ventri et sonno dediti, et rei familiari solimi intenti, id tantum ab hac publica sapientia mutuari oportere arbitrantur, quantum rebus bene in vita gerendis sufficere possit*"].

[86] ["*Ne supina vota concipiatis, ut dormientibus votis in sinum de coelo cadat Sapientia, ejus efficaci desiderio commoveamini, improbo, invictoque labore facite vestri pericula, quid possitis... vestras mentes excutite; et incalescite Deo, quo pieni estis*"].

[87] Villarosa, *Aggiunte in Opusc.*, I, 164.

[88] *Ivi*, p. 165.

giornate restava seduto in un angolo della casa, tranquillo, col pensiero vuoto. Morì il 20 gennaio 1744.

Ma Gennaro solo nel 1789[89] poté fargli murare nella chiesa dei Gerolamini, in cui era stato seppellito, una modesta lapide, che rammenta con quello del padre il nome della madre — *coniuge lectissima*. Buon figliuolo!

---

[89] Non 1799, come dice, credo erroneamente, A. Ranieri, *Scritti varii*, Napoli, Morano. 1879, I, 144; cfr. Vililarosa, *Aggiunte*; *Opusc.*, 1, 167-8.

IV.

Il padre morì, come è pur noto, nella casa sui Gradini a Ss. Apostoli. E qui ancora abitava Gennaro nel 1768[90].

Qui egli continuò la quieta vita del padre, tra l'università, gli studi e la conversazione dei signori e dei dotti. Gennaro non si elevò mai alle speculazioni di G. Battista, ma seguì però l'indirizzo umanistico e rettorico degli studi paterni. Continuò, insomma, la men difficile tradizione domestica. Non scrisse de' versi; ma compose più epigrafi del padre, e studiò con pari amore le più leggiadre eleganze della lingua latina. Dev'essere stato un ottimo insegnante della sua materia; e le idee didattiche accennate nelle sue orazioni inaugurali, che ci sono giunte, confermano questo giudizio. Ebbe anche dottrina classica e acume non volgari: ma fu modestissimo, e il suo titolo maggiore restò sempre quello di essere figliuolo di G. B. Vico. Né egli avrebbe ambito di più, conscio, benché confusamente, della paterna grandezza.

Nel 1756, lesse per l'apertura degli studi un'orazione sul tema: *Dissidium linguae ab animo factum praecipuum corrupta eloquentiae causam fuisse*[91]. E, sul principio di questa, accenna a un'altra orazione, letta *fere multis abhinc annis*, nella quale aveva indagato *quidnam esset, quod plures omnibus in artibus, quam in dicendo admirabiles extitissent*. Ma questa non si trova tra le sue carte.

Una quarta volta, a nostra notizia, gli spettò di

---

[90] Trovo su una copia d'una orazione per le nozze di Ferdinando IV (1768) segnato l'indirizzo di Gennaro così: "A S. Apostolo il Signor D. Gennaro Vico. — Attaccato alla porteria".

[91] [Il dissenso del linguaggio dalla mente fu la causa principale della corrotta eloquenza.].

leggere l'orazione inaugurale, e fu al principio dell'anno scolastico 1774, il 13 novembre; e trattò un tema molto affine a quello della prima orazione: *Optima studentii ratio ab ipso studio petenda*[92]. Ma, qualche anno prima, il 5 novembre 1768, ebbe a parlare in occasione più solenne alla gioventù studiosa: *In regiis Ferdinandi IV. Neap. ac Sicil. Regio et Mariae Carolinae Austriae nuptiis*. E queste due orazioni diè alle stampe, in un nitido volumetto nel 1775, *amicis summo opere adnitentibus*, siccome attesta, nel suo parere, il revisore civile[93]. E veramente in quelle occasioni il buon Gennaro dové farsi onore. Lo stesso revisore ricorda che le due orazioni erano state lette *tota litteratorum plaudente cavea*; e, per conto suo, — era un professore di teologia, — ne giudicava così: "C'è in loro così tanto splendore e dignità, e così tante eloquenze degne di Venere ovunque, che potrei mai lodarle abbastanza, se avessi una sola lingua? Siano dunque cento, e la parola quella di un'intera centuria. Naturalmente, ascoltandolo, mi corre alla memoria il suo dottissimo genitore, Giovanni Battista Vico, uomo dalla memoria immortale, e mi sembra di sentirlo nuovamente parlare in latino. È generalmente vero che

"I forti sono creati dai forti e dai buoni"[94]

---

[92] [Il modo migliore per richiederela razionalità in uno studente è dallo studio stesso.].

[93] L'opuscolo ha questo frontespizio: *In regiis Ferdinandi IV. Neap. ac. Sicil. regis et Mariae Carolinae Austriae oratio* a Januario Vico Regio Eloquentiae Professore, ad studiosam Juventutem in R. Neapolitana Academia solemniter habita *Non. Novemb. Anni MDCCLXVIII*. Ma l'orazione per le regie nozze va da p. III a p. LI ; e da p. LIII a p. LXXXII segue l'*Optima studendi ratio ab ipso studio petenda, ad studiosam juventutem habita Id. Novembr. MCCCLXXIV*. La data di pubblicazione. risulta dall'ordine dell'*imprimatur* (p. LXXXIV), in data 29 settembre 1775.

[94] ["*In eis tantum nitoris ac dignitatis, totque latialis eloquii venerea ubique emicant, ut eas numquam satis laudare quiverim, mihi si lingua? Centum sit, oraque Centura.*

Il Decreto reale, già ricordato, del 18 settembre 1745, aveva stabilito la dotazione fissa di ciascuna cattedra, lasciando quella di eloquenza latina con 200 ducati[95]. Ma, nel 1777, il marchese della Sambuca elevò la dotazione complessiva dell'università da 7000, qual'era rimasta fin dal '45, a duc. 12613.99. Si accrebbero quindi gli stipendii dei professori. E della cattedra di Gennaro, chiamata ora di *Rettorica e poetica*, nel nuovo piano che il marchese della Sambuca comunicò al ministro dell'ecclesiastico, con dispaccio del 26 settembre 1777[96], è detto: "Questa Catedra nella Università gode ora ducati 200, insegnando sette mesi dell'anno la sola Rettorica. Si accresce fino a ducati 200, con l'obbligo però d' insegnare per tutto l'anno, a riserva del mese di ottobre, anche la Poetica[97]. Fu duro a Gennaro Vico, passati i 62 anni, restare a insegnare tutta l'estate , rinunziando, per quell'aumento di soldo, a tre dei mesi di vacanza[98]. Ce lo farà dire egli stesso, tra poco, in una

---

Sane parentein ejus doctissimum, Jo. Baptistam Vicum, immortalis memoriae virum, latine loquentem audire jam video. Adeo verum plerumque illud est, Fortes creantur fortibus et bonis"]. Il parere di questo revisore, p. Felice Cappello, reca la data del 30 agosto 1775.

[95] Vedi il Dispaccio del Brancone nel *Cod. delle leggi del Regno di Napoli* di Al. De Sariis, Napoli, 1796, lib. X, Tit. IV, p. 41-42. Ma il testo originale di esso è tra i Dispacci del Gatta, part. II, to. III. pp. 449-55. Vi sono stabiliti tutti gli stipendi dei singoli insegnanti, a cominciare da quello di Biagio Troisi di duc. 800. Ivi a p. 454: "Eloquencia latina que se lee por le Dotor Don Gennaro Vico, dos cientos ducados".

[96] Vedilo in De Sariis, lib. X, tit. IV, pp. 51-3, Ofr. anche Amodeo (*Rif. universitarie*, p. 25, 55). il quale ignora che questi docc. erano stati pubblicati dal De Sariis, fin dal 1796.

[97] Il De Sariis dice per isbaglio: "Pratica".

[98] Fino al 1777 II Calendario di Corte chiama la cattedra di G. Vico: "Rettorica". In quello del 1777 (p. 68) si comincia a dire: "Rettorica e poetica". Non è esatto quel che dice sul proposito l'Amodeo, *Riforme*, pp. 24-5.

relazione del Cappellano maggiore su certa sua istanza al re, che riporteremo più innanzi. Ma ad alleggerirgli il peso, nel giugno successivo (1778), quando appunto, negli anni precedenti, soleva smettere le sue lezioni, venne a incorarlo un altro segno della regia benevolenza. E notò il dispaccio del marchese della Sambuca del 22 giugno 1778[99], per cui fu creata la R. Accademia delle scienze e belle lettere. In esso l'Accademia veniva compartita in quattro classi: due per le scienze, Matematica e Fisica, e due per le lettere: Storia ed erudizione antica e Storia ed erudizione dei mezzi tempi. Si nominava il presidente, il vice-presidente e il segretario per ciascuno dei due rami dell'Accademia; infine, quattro accademici pensionali ("coll'assegnamento ad ognuno di essi di annui ducati sessanta"), uno per classe: "per la Storia ed erudizione antica D. Gennaro Vico". Presidente, vice-presidente, segretari e questi primi quattro accademici dovevano riunirsi per formare "il piano e le regole dell'Accademia", proporre "il numero degli Accademici pensionaci e onorari, e i soggetti per occuparne le piazze, con riferirsi tutto al Re per la sovrana approvazione ".

---

[99] Ristampato dal Minieri-Riccio, *Cenno stor. delle Acc. fiorite nella città di Napoli*, in *Arch. Stor. nap.*, V. (1880), 586-7; ma già pubblicato dal De Sariis, lib. X, tit. VI, pp. 55, e insieme cogli Statuti dell'Accademia nel tomo XIII della *N. Collez. delle Prammatiche del Regno di Napoli del Giustiniani*, (Napoli. Stamp. Simoniana, 1805), pp. 57 ssgg.: pubblicazioni sfuggite, tutte e due, al Beltrami, nella sua memoria, del resto assai diligente, *La R. Acc. di Scienze e belle lettere fond. in Napoli nel 1778*, negli *Atti dell'Acc. Pontaniana*, vol. XXX, Napoli, 1900 dov'è detto (p. 62) che il Minieri-Riccio pubblicò il dispaccio 22 giugno 1778. E dalla pubblicazione del Minieri-Riccio il Beltrami non poté intendere il vero carattere del doc., che egli prende per una semplice lettera del march, della Sambuca al principe di Francavilla, maggiordomo reale (p. 3); laddove si tratta d' un regolare dispaccio di segreteria, ossia della ordinaria forma ufficiale onde erano annunziate tutte le determinazioni reali.

L'annunzio destò in Napoli grande entusiasmo, e nessuno pare si meravigliasse dell'onore segnalato che ricevette Gennaro Vico. Certo, egli doveva essere ben veduto dalla corte; ma, tra per i suoi meriti personali, e tra per un certo riflesso della gloria paterna, che veniva affermandosi ogni giorno più saldamente, doveva essere stimato ed amato anche dagli studiosi. Gli statuti, a cui anche Gennaro collaborò, furono approvati dal re, con dispaccio del Beccadelli del 30 settembre di quello stesso anno[100].

Facevasi obbligo agli accademici pensionali "d'intervenire, a tutte le private e pubbliche assemblee" e di non potersi quindi "allontanare dalla capitale, senza averne prima ottenuto in iscritto l'autentica permissione del presidente". Infine, si stabiliva: "Ogni accademico pensionario sarà, nell'obbligo indispensabile di comporre in ogni anno ima memoria su quell'argomento, che egli, a propria elezione, scerrà dalla serie degli argomenti dei lavori scientifici annuali". Giacché non ora riconosciuto ai singoli socii il diritto di scrivere su qualunque soggetto; ma sì di "presentare" ogni anno "in iscritto un breve parere sul metodo, sugli argomenti e sulla qualità, de' lavori letterari e scientifici, che potrebbero per tutto il resto dell'anno in ogni Classe eseguirsi. Tutti i pareri poi dovevano essere esaminati da una "Deputazione di uomini savi e intelligenti", nominata, per ciascuna classe, dal presidente, che, com'era stato ordinato nel dispaccio del 22 giugno, sarebbe stato sempre il maggiordomo maggiore di S. M.

---

[100] Sono pubbl., oltre che nel *De Regimine Studiorum* (N. Colla, etc. tom. XIII, pp. 58 sgg.), nel vol. rarissimo: *Statuti della R. Acc. delle scienze e delle belle lett.re. eretta in Napoli dalla Sovrana Munificenza*, Stamp. Reale, 1780. Ivi è anche il lungo elenco dei socii.

Gennaro fu messo a capo della classe di Erudizione e storia antica, che, nel dispaccio posteriore del 19 gennaio 1783, fu detta di *Alta antichità*[101].

Nel 1788, uscì il primo ed unico volume degli *Atti* di quest'Accademia: cioè, gli atti dalla fondazione sino all'anno 1787[102]. Esso non contiene nessuna memoria del Vico [103]; ma il segretario, Pietro Napoli-Signorelli, nel *Discorso istorico preliminare*, esponendo tutti i lavori eseguiti dall'Accademia in quel primo decennio, ricorda anche la parte di Gennaro:

"L'eruditissimo accademico pensionarlo della III classe Don Gennaro Vico degno figliuolo dell'immortale autore dei *Principii di una Scienza nuova* e suo successore nella cattedra di eloquenza nel Liceo Napolitano, prese in una dissertazione con piena erudizione e fina critica ad illustrar Pompei, celebre città della Campania, sepolta da diciassette secoli dalle ceneri del Vesuvio. Non ebbe per oggetto di adornar alcune delle discoperte parti di essa, ma di considerarla col solo lume degli antichi scrittori e di rilevarne le vicende. Saggio e modesto quanto sagace osservatore, lontano da ogni ambizione di produrre cosa nuova in un argomento venerabile per la sua antichità, egli consegui la rara lode di saper raccogliere con giudizio e disporre e combinare insieme con discernimento e dottrina que' languidi e dispersi barlumi lasciatici dai Greci e dai Latini intorno a sì famosa città, e di apportar somma luce e dar sembianza di novità alle sue

---

[101] In questo dispaccio (Minieri-Riccio, in *Arch. Stor. Nap.*, V. 587), si ordinava ai pensionari di non astenersi senza il real permesso dal presentare ogni anno una memoria. Non potendo, si domandasse la grazia di passare tra gli onorari.
[102] *Atti della R. Acc. delle Scienze e belle lettere* (sic) *di Napoli*, Napoli, Don. Campo, 1788, di pp. XCVIII-374 in 4º, con 18 tavole.
[103] Né di altri soci del ramo letterario, salvo una di Dom. Diodati (della 4ª classe, Mezzana Antichità), letta nel 1784 e nel 1786; *Illustrazione delle monete che si nominano nelle Costituzioni delle Due Sicilie* (pp. 318-370).

erudite ricerche"[104].

E ne riporta un largo sunto[105], che dal confronto con l'originale manoscritto, conservato tra le carte Villarosa, risulta compilato coi termini stessi dell'autore. Codesta memoria il Signorelli assegna agli anni anteriori al 1783, anno dei terremoti delle Calabrie e di Messina, che diedero occasioni a speciali indagini e studi dell'Accademia[106]. Un'altra memoria del Vico ricorda poi come letta nel 1787 "sull'antica repubblica di Locri "; e dice che di essa si attendeva la continuazione, per pubblicarla nel volume seguente, – che non venne più. Questa memoria era stata preparata da Gennaro con grandissima cura, come apparisce dai molti appunti relativi, che sono tra le sue carte. Dove pure si trova un buon tratto della medesima, col titolo: *Dissertazione sull'origine, dominio, legislazione, governo, ed uomini illustri della Rep. di Locri nella Magna Grecia* di G. V. – Parte I: *Dell'origine della Repubblica di Locri*[107].

Ma altro dové scrivere per l'Accademia, anche dopo il 1787; e lo stesso Napoli-Signorelli, lodando altrove il medico Silvestro Finamore di Lanciano d'una memoria sulle antichità lancianesi mandata all'Accademia in forma d'una serie di questioni, accenna ai "dottissimi giudizi portati su di essa da due nostri valorosi accademici, il giureconsulto Domenico Diodati ed il regio professor di eloquenza Gennaro Vico", il quale "prende per mano tutti i punti additati nella memoria, e ne illustra buona parte in

---

[104] *Atti*, p. LXII sg.
[105] Pp. LXIII-LXX.
[106] Vedi su ciò la cit. mem. del Beltrani.
[107] Non resta una copia completa né anche della parte I; mentre della *Dissertazione sulla città di Pompei* ve ne sono 3 esemplari, fra cui due autografi.

quanto gli permette quel periodo tenebroso; e certamente il di lui esame merita (se pure torni un tempo che ci si conceda[108] che si renda di pubblica ragione"[109]. Quel tempo non tornò più; ma della relazione del Vico sulla memoria del Finamore ci resta una copia di mano del marchese di Villarosa, insieme con una lettera del 22 giugno 1804 del Finamore, che, avuto sentore, per la notizia del Napoli-Signorelli, di quella relazione, e non sperando di vederla presto pubblicata, prega Gennaro Vico, con cui era entrato in relazione epistolare, di volergliela comunicare manoscritta[110]. E altro fors'anco scrisse, di cui non ci resta notizia, per l'Accademia.

Ma, certo, quest'occasione a lavori di erudizione storica troppo tardi sorse nella vita di Gennaro, perchè egli fosse ancora in tempo di produrre molti e molto notevoli frutti. Il suo genere erano sempre stati, come vedremo, orazioni ed epigrafi: il suo ideale letterario, l'eloquente espressione, la frase classica pura: non era andato più oltre. Il suo mondo, sempre, quel circolo chiuso de' professori e degli eruditi. Tra i ricordi della sua lunga vita neppure un alito di affetti domestici. Si trae un largo respiro, svolgendo le sue carte muffite, quando, finalmente, s'incontra la seguente lettera, che ci dà al viso quasi un soffio d'aria fresca. Una villeggiatura di don Gennaro, forse per una cortesia usatagli dal marchese di Campolattaro. Dalla cui villa m'immagino che Gennaro scrivesse alla marchesa:

---

[108] Per le angustie finanziarie in cui si trovò avvolta l'Accademia, vedi Beltrani, *La R. Acc.* etc.

[109] P. Napoli-Signorelli, *Regno di Ferd. IV adombrato in tre volumi*, to. 1,Napoli, Migliaccio, 1798. p. 381.

[110] Vedila in Appendice.

Godo immensamente in sentirvi tutti bene: et infinitamente ringrazio V. S., il Marchesino e D. Andrea della memoria, che avete di me; e le dico che desidererei poter meglio meritare le cortesie, che ricevo.

Quelle pere, che le mandai, furono da me raccolte per terra, e come che alla giornata cadono immature, essendone io ora incaricato, voglio che V. E. ed il Marchesino le vedano; ed intanto le mandai, perché le avesse riposte, avendomi detto Giovanni che, accadendo l'istesso alle sue, egli le ripone, perchè col tempo vengono alla maturità, sapendo bene che queste pere d'inverno anche si colgono immature, e si ripongono. Io sempre mi dichiaro non solo pronto, ma anche ambizioso di ricevere l'onore di tutte l'EE. VV. ma sempre con quella condizione; e desidererei che il Marchesino non misurasse me alla sua misura, e che si facesse carico della gran disparità della condizione e dello stato suo e mio, ed ancora della mia corte compendiosissima; perché una brieve anticipazione porta, che se non posso far quel che devo, almeno fo quel che posso. Onde tanto Lui, quando V. E. faccino conto di tener qui un fattore di campagna: basta che si diano la pena di mandarmi l'ordine, per far conoscere il piacere di eseguirlo. (...)

Poiché state colla falsa prevenzione che. favorendomi con anticipazione, io mi metta in cerimonie (veramente vi feci truovar archi e trofei!) per togliere ogni briga, e per aver l'onore [dei] vostri favori, fo una solenne dichiarazione, col contentarmi che la medesima sia anche ridotta in forma di pubblico *ex nuncpro hinc* ad ogni eccezzione cosi dilatoria come perentoria, o declinatoria di foro, la quale è del tenore seguente, *videlicet*: dichiaro e mi obbligo *etiam cum juramento quatenus opus*, che, antecipandomi l'avviso de' vostri favori, io sia tenuto farvi truovare non più né meno, né altro di quello che è mio ordinario mangiare, intendendosi d'anticipazione a solo fine che non restiamo tutti digiuni[111].

---

[111] La lettera nella minuta, da cui la pubblico, non ha né data né intestazione;

Intorno al 1790, a cagione di grave infermità sopravvenutagli, Gennaro Vico fu costretto a smettere il suo insegnamento. Non potendo più leggere la memoria d'obbligo all'Accademia, perdette, non saprei dir quando, anche quel posto. E si preparò al suo triste tramonto.

Dissi sopra[112] che, nel 1797, rivolse una supplica a Ferdinando IV, per esporgli il suo misero stato, e chiedere un sussidio. Dopo il tratto che già ne ho riferito, il vecchio Vico continuava a raccontare di sé:

Anni addietro essendoglisi aperto un gran tumor cistico, che da

---

ma nello stesso foglio, a riscontro della minuta della lettera, sono due abbozzi, pure di mano di Gennaro, della seguente epigrafe:

Villam hanc suburbanam
breve otii negotioque confinium
aeris salubritate laxiorisque amoenitate le prospectus
facile principem
N. Blanch Campilactaris Marchio
sibi emptam sibi auctam
atque
ad ingeniosissimam elegantiam
compositam instructamque
genio suo comparavit.

[Questa villa suburbana
in un breve periodo di tempo libero dagli affari,
per la salubrità dell'aria e la piacevolezza della vista
un buon principe
N. Blanch Marchese di Campolattaro
comprò per se stesso e aumentato
e alla raffinatezza più ingegnosa
compose e arrangiò il luogo
conformemente al suo genio].

Mi par ovvio pensare che la epigrafe sia stata scritta dove fu scritta la lettera: cioè nella villa Blanch, ora Famiglietti a Mojarello (Capodimonte).
[112] Vedi p. 36.

tanti anni aveva alla gola, con un fiume perenne di sangue, che per cinque mesi lo tenne inchiodato in un fondo di letto, disperato da' medici, il fu D. Nicola Frongillo, degnissimo Lettore dell'Università, lo curò, ed espressamente gli proibì, che non avesse pensato-più a montar sulla Cattedra, perchè avrebbe corso evidente pericolo di discenderne morto. Il quale ancor tiene aperto. Nel principio del suo male, per non far mancanza, stabili per suo Sostituto il Sacerdote secolare D. Ignazio Falconieri[113] conosciuto per le sue opere: lo partecipò tosto a monsigttor Cappellano Maggiore, per averne il permesso, il quale molto ne commendò la scelta; sempre però che la M. V. si degni di confermarla: ed il medesimo ha continuato con soddisfazione, dovendolo il supplicante mantenere a suo costo, con detrarlo dalle angustissime sue finanze, non avendo il suo sostentamento altro appoggio, che quello della Vostra Real

---

[113] La *Rettorica* del Falconieri, pubblicata la prima volta nel 1780. si studiava ancora a tempo del De Sanctis; ne ho visto un'edizione del 1885, e il D'Ayala ne cita la ventisettesima! Vedi *La giovinezza di F. de Sanctis*, Napoli, Morano, 1891), p. 7. Ignazio Falconieri, fu, com'è noto, afforcato il 81 ottobre 1799. "Era gran patriota, molto impiegato e stimato nella Repubblica, buon uomo, dotto scrittore di Retorica". Cosi D. Marinelli. *Giornali*, ed. Fiordelisi, I. 107, dov'è pur riferito il sonetto scritto dal Falconieri pochi giorni prima della sua morte. — Nei calendari di corte, da me veduti, degli anni 1758-1798, 1795-1797, non comparisce mai il nome del Falconieri come sostituto di Vico. Questi vi apparisce sempre come insegnante. Doveva perciò essere una sostituzione del tutto privata. E chi sa che il modo, in cui fu messo fuori dall'insegnamento universitario, non sin stato pel Falconieri un motivo personale per fare quel po' di diavolo a quattro che fece nel 1799, e che è ricordato nella sentenza della Giunta di Stato, pubbl. da A. Sansone, *Gli avvenimenti riti 1709 nelle Due Sicilie* e Nuov Doc., Palermo, 1901. (Doc. per servire alla Storia di Sic. 4ª s., vol. VII) p. 260. Tra le altre colpe addebitategli dalla Giunta vi è anche quella di "avere educato i giovani per la Repubblica". Commissario per l'organizzazione repubblicana del Volturno, ebbe come suo segretario Vincenzo Cuoco: Sansone, p. 856 e Ruggieri, Vinc. Cuoco, studio stor.-critico, Rocca S. Casciano, 1903, p. 17. Sul Falconieri vedi la vita scrittane da M. D'Ayala, *Vita degli ital. benem. d. lib. e della patria, uccisi dal carnefice*, Roma, 1883, pp. 264-267. Era nato a Lecce nel 1766. Oltre la *Rettorica*, pubblicò altre opere letterarie che sono indicate dal D'Ayala.

Munificenza.

Continuava, rammentando i favori già ottenuti da' Borboni, e confidava implorando un generoso sussidio dalla munificenza reale.

Ma pare che la supplica rimanesse dapprima senza risposta [114], perché gli toccò di rinnovare l'istanza, abbreviando tutta la parte della prima supplica, che abbiamo riferita; e conservando, nel resto, i termini stessi[115], che sono i seguenti:

... Ora essendo giunto all'età di 82 anni, indebolito da tutti que' mali, che ne sono l'indispensabile conseguenza; ed ammirando alla giornata la somma Munificenza della M. V. verso di tutti, per cui tanto si assomiglia al Beneficentissimo Dio, di cui ne sostiene in terra le veci; poiché non v'è chi per qualche suo onesto desiderio venga a ricorrere al Vostro Trono, Fonte inesausto di Beneficenze, che non so ne torni pienamente dissetato; anzi la M. V. è talmente trasportata da quest'ammirabile Virtù, che spesso ne previene li voti, e ne risparmia le preghiere: come infatti esso supplicante ben due volte l'ha sperimentato nella sua persona: quando la M. V. istituì la Real Accademia delle Scienze, si degnò destinarlo per direttore dell'Alta Antichità, Greca e Romana, che è uno de' quattro rami, ne' quali la Reale Accademia è divisa: dovendo far la scelta de' Maestri per istruir nelle scienze S. A. R.

---

[114] Nell'incartamento trovasi unito a questa supplica un breve rapporto della segreteria, con cui doveva essa esser sottomessa nel Consiglio di Stato all'esame reale, e su cui avrebbe dovuto esser segnato la risoluzione del re. Ma di questa non v'è traccia.

[115] In questa seconda istanza, corregge l'anno 1696. in cui, la prima volta, aveva detto essere stata conferita la cattedra al padre, in 1697. Questo e gli altri docc., qui appresso riferiti, ove non sia avvertito altrimenti, sono tolti dagli *Espedienti di Consiglio*, fascio 287, I, 12 dicembre 1797 (Arch. Stat. Nap.). 287, 1. 12 dicembre 1797 (Arch. Sta. Napoli).

il principe Ereditario, senza che esso neppur osasse tant'alto, si degnò d'eleggerlo per precettore ne' studj dello Lettere Umane: il qual invidiabilissimo onore per l'eccezione della sua cagionevole salute, per cui doveva spesso, o lungo tempo mancare. Non poté conseguire. Or se cotesto Sagro Fonte basta che sappia su di chi debba diffondersi, che da sé si apre, ed a larga mano versa le sue Beneficenze, come l'ha ben due volte sperimentato in se stesso, in quanta maggior copia deve spargerle su di chi vi ricorre portando in mano la chiave delle preghiere? Due volte, o Sire, in tutta la sua vita, esso vi è ricorso: la prima al Trono del Vostro Augustissimo Genitore, e ritornossone supra vota pienissimamente soddisfatto; questa è la seconda al Trono di V. M., che ne siegue gloriosissimamente le tracce, ed implora un generoso sussidio dalla Vostra Real Munificenza, acciocché nella sua cadente età, in cui ha bisogno preciso di qualche comodo maggiore, non abbia da sempre lottare coll'indigenza, e colle difficoltà di soddisfarla; e l'avrà a grazia, *ut Deus*.

In cima alla nuova supplica dalla segreteria dell'ecclesiastico fu apposta (forse, in seguito ad ordine reale) la nota seguente: «25 febbraio 1797. Informi, e manifesti il suo parere». E, con questa nota, la supplica stessa dové esser trasmessa al cappellano maggiore. Il quale, nella sua consulta, che tardò più mesi a esser data, dopo avere riassunto l'istanza del Vico, aggiungeva:

Poiché la M. V. con Real Carta del di 25 dello scorso Febbraio mi ha comandato, che informi, e manifesti il mio parere, debbo rassegnare alla M. V. che sono veri e noti i lunghissimi servizj prestati per lo corso di un secolo consecutivamente dal padre D. Gio. Battista Vico, illustre letterato, e dal figlio supplicante D. Gennaro, che ha camminato nelle orme del padre, a questa Regia Università degli Studj, con decoro della medesima, e con profitto

della studiosa gioventù. Sono ancora vere le circostanze della cagionevole salute dello stesso supplicante D. Gennaro nell'età di anni 82, a cui è giunto, fatigando per lo corso di circa anni 60 in beneficio dello Stato; onde io stimo che merita un tal soggetto gli effetti della Real Munificenza, per i quali possa provvedere ai bisogni della vita; o che a tale oggetto possa degnarsi V. M. conferirgli una pensione o sulle rendite delle chiese vacanti, o su di altro fondo che stimi più proprio.
Il signore Iddio conservi lungamente e sempre prosperi la vostra Real Persona. = di V. M. = Napoli 6 Maggio 1797 Umilissimo Vassallo = L. Arciv. di Colosso Capp. M.

Il ritardo della consulta derivò dal ritiro, accaduto nel corso dell'anno 1797, del cappellano maggiore, monsignor Alberto Capobianco, arcivescovo di Reggio; il quale morì, più che nonagenario, nel febbraio 1798. Il successore nella cappellania maggiore, del quale si ha notizia è mons. Agostino Gervasio, arcivescovo di Capua, nominato nel dicembre 1797[116]. Interinalmente dovette esserci questo arcivescovo di Colosso, dal maggio, forse, al dicembre.

Il 23 maggio, la supplica, con la relazione del cappellano, fu presentata al re, che era a Foggia, e dispose che "gli si proponga questo espediente al suo felice ritorno". Avvenuto il eguale, gli fu riproposto il 12 luglio. E sulla pratica fu scritto:

Il re vuole, che il C. M. indichi gli esempj delle pensioni, accordate a' lettori emeriti dell'Università degli Studj, e quale sia

---

[116] *Vedi il Catalogo de' Cappellani Maggiori del Regno di Napoli e de' confessori delle persone reali* [del P. Luigi Guarini], Napoli, Coda, 1819, p. 63. Cfr. anche *Sulla origine e giurisdizione del Capp. Magg. Cenni* di Gir. di Marzo, Palermo, Morello, 1840, p. 24. Ma questo elenco si arresta a mons. Capobianco.

il soldo, che gode il ricorrente.

Questi ordini, furono trasmessi al cappellano maggiore, con dispaccio dell'ecclesiastico del 22 luglio 1797[117]. Qual differenza dalla sollecitudine usata nel 1740 e '41 per provvedere alla vecchiaia di Giambattista Vico!

L'arcivescovo rispose, il 12 agosto, con quest'altra relazione al Re:

Signore

...In adempimento del Real comando, le fo presente riguardo alla prima parte, che la Cattedra di Rettorica è isolata e non lui ascenso alcuno, come alcune delle altre facoltà, che di grado in grado giungono alle primarie. Non vi è esempio di Lettore emerito a cui sieno state accordate pensioni; ma non vi è esempio altresì di Lettore, il quale abbia servito 60 anni, che fa il corso di una lunga vita, con potersi anche considerare, che già sia scorso un secolo che dal padre e dal figlio sia stata occupata senza interruzione la Cattedra di Rettorica nella Regia Università.

Riguardo alla seconda parte debbo rassegnarle che il padre del supplicante D. Gio. Battista Vico, il quale illustrò questa Regia Università, sostenne la stessa Cattedra col soldo di soli ducati cento: che l'Augusto fu Genitore della M. V. l' accrebbe a ducati duecento, e così esso supplicante l'ha sostenuta, finché la M. V. ordinò che l'Università degli Studj pubblici passasse al Salvadore, nel qual passaggio essendo la sua Cattedra entrata nel ruolo di quelle, che debbono leggere fino alli 28 di Settembre, per tale accrescimento di fatighe gli furono aggiunti altri cento ducati. Adunque egli, dopo aver già servito quarant'anni, per avere il soldo di ducati trecento che godono anche i lettori più moderni, fu costretto tirare avanti le sue lezioni,

---

in tutta l'età, quando per l'antico piano gli Studi finivano a' 15 di giugno, ed a dover formare le Istituzioni poetiche, che nel corso dell'età andassero di séguito all'oratorie.

Nella istituzione dell'Accademia Reale delle scienze V. M. si degnò eleggere il supplicante per direttore del Ramo dell'alta antichità colla pensione di ducati sessanta, e questa gli è mancata: altri piccioli emolumenti dice di essergli minorati: ed a queste detrazioni si aggiunge che per la sua cadente età dovrà pagare ducati 30 annui per lo mantenimento del Sostituto.

Quindi egli per particolari circostanze de' suoi lunghi servigi, della sua età e della sua salute cagionevole, implora sussidio per lo sostentamento della vita, facendo il conto di essergli mancati da cento venti ducati annui.

Il signor Iddio conservi lungamente e sempre prosperi la Vostra Sacra R.ᵉ Persona. Di V. M. Napoli, 12 agosto 1797 — Umilissimo Vassallo = L'Arciv. di Colosso Capp. M.

Portata di nuovo la pratica nel Consiglio, il 26 agosto 1797, da Belvedere, il re risolse che a Gennaro Vico si desse "la giubilazione coll'intiero soldo in pensione ed emolumenti, che lui perduti". E il 9 settembre furono spediti da Ferdinando Corradini, segretario dell'ecclesiastico i relativi dispacci al cappellano maggiore e al principe d'Ischitella, segretario dell'azienda[118].

Giubilato il Vico , si ordinò tosto il concorso per la cattedra di rettorica. Ma, per allora non ebbe effetto. Ecco in proposito una relazione del cappellano maggiore, curioso documento di quel che fosse allora un concorso universitario:

Il Sig.ʳ ...

---

[118] Vedili in Appendice.

Nella Università de' regj Studj è vacata la cattedra di Rettorica per la giubilazione da V. M. accordata al vecchio professore D. Gennaro di Vico, c si è pure dalla M. V. ordinato di tenersi il concorso per la provvista di tale Cattedra, con doversi prima riferire i nomi, cognomi e patria di coloro, che dopo l'editto si ascrivano per detto concorso.

Si è di già affisso l' editto a norma de' sovrani ordini; ma frattanto, che non si diverrà all'elezione del proprietario professore. manca nella R.ª Università la lezione di Rettorica, la quale è necessaria nel corso degli studj, e per la quale mi si fa premura dalla gioventù studiosa. Un de' concorrenti a detta Cattedra è il Sacerdote don Niccola Ciampitti, napoletano, professore di eloquenza nel Seminario arcivescovile, il quale coll'acclusa supplica si è offerto d'insegnare le Istituzioni Oratorie come sostituto della cattedra medesima sin tanto che si eseguirà l' ordinato concorso, senza pretendere soldo, o riconoscenza veruna. ma soltanto per amore del ben pubblico. Ho trovato sode ragioni di accettare questa offerta, perchè il Sac. Ciampitti è riputato non solo per l'abilità nella materia, in grado già di Professore, ma è noto eziandio pel costume irreprensibile, e pe' puri sentimenti morali. e di attaccamento al Regio Trono: e perché senza alcun pregiudizio e interesse della R.ª Università, si provvede al bene pubblico, col non far mancare né anche per brieve tempo una lezione necessaria alla gioventù studiosa.

Tutto ciò sommetto alla intelligenza di V. M.: affinché, se altrimenti non istimi. possa degnarsi approvare che il Sac. D. Niccola Ciampitti insegni le Istituzioni Oratorie nella Cattedra di Rettorica della Università dei Regi studj, sin a che non sia provvista del professore in esito dell'ordinato concorso, in qualità di sostituto, e senza poter pretendere né soldo, né riconoscenza veruna. Il Sig.ʳ. . . . [18 novembre 1797][119].

A Gennaro Vico però dispiacque la giubilazione, e

---

[119] *Relazioni del Cappell. maggiore*, vol. 78 dup.to. ottobre-dicembre 1797.

più una notevole perdita che l'abbandono della cattedra e la trasformazione del soldo in pensione gli avrebbe arrecata. Presentò nell'ottobre un ricorso. Il quale, deferito al re, non si ebbe che questa dura risposta, segnata in margine alla pratica:

Da Portici li 21 ottobre 1797. Il re è fermo nella prosa risoluzione.

Ma il Vico non si perdé d'animo, e rinnovò il ricorso, con lievi mutamenti di forma. Riferisco questo secondo:

S. R. M.

Signore,

Gennaro Vico, pubblico professor di Rettorica nella Vostra Regia Università de' Studi. prostrato a' piedi del Real Trono della M. V., umilmente le rappresenta, che essendosi per sua Real Munificenza degnata con sua real Carta de' 9 del caduto ordinare *che gli si dia la giubilazione coll'intiero soldo in pensione, e gli emolumenti, che ha perduti*: esso supplicante si dà lo spirito di umilmente esporle, che il soldo è immune da ogni peso, e la petizione è sottoposta alla decima, la quale gli scema il pieno godimento del soldo intiero, che la M. V. si è degnata concederli: onde la supplica a volersi compiacere di accordargli l'intiero soldo, siccome finora l'ha goduto, secondando in questo la generosa inclinazione del Real Animo Vostro di beneficarlo. Alla cattedra di Rettorica è privativamente annesso l'emolumento delle fedi di Rettorica[120]: e questo gli si è dimezzato: ma ne ritiene

---

[120] L' esame di rettorica era una specie di baccellierato. La Prammatica del conte di Lemos del 1616, part. III, tit. II, art. 1 dice: "Ordiniamo e comandiamo, che niuno studente grammatico possa passare ad intendere niuna facoltà o scienza, senza prima essere stato esaminato per lo cattedratico, sai lettore di Rettorica. il quale a quello, che approverà per sufficiente ed abile, darà una fede firmata di sua mano, nella quale dichiarerà averlo trovato idoneo, per

ed esige l'altra metà: egli si augura che la mente di V. M. sia, che su quel che ritiene gli si dia il compenso di ciò, che ha perduto; dovendosi intender l'istesso sul soprasoldo, che godeva di duc. 47 solito distribuirsi alli Lettori più emeriti, dimenticato nella sua prima supplica, e questo anche è decimato. esigendone duc. 38. Il che fa crescere la somma del compenso accordatogli dalla Vostra Real Clemenza a duc. 130, inclusivi li duc. 60 dell'Accademia. Quindi ricorre a' piedi della M. V.. che è quanto dire, al Sacro Fonte inesausto delle Beneficenze, ed umilmente la supplica, a volersi degnare fargli godere l'intiero, soldo immune da decima, siccome l'ha goduto finora; com'ancora esentarne il compenso accordatogli di ciò, che ha perduto negli emolumenti annessi alla cattedra, con degnarsi indicarli da qual fondo debba ripeterlo. Qualora poi V. M. voglia togliergli anche quel che ritiene ed esige in essi emolumenti, il compenso di duc. 130 ascenderebbe a duc. 200, che uniti alli duc. 300 di soldo, formerebbero duc. 500, nel qual caso potrebbe la M. V. degnarsi ordinare, che gli si corrispondano duc. 500 annui, immuni od esenti da decima, e da ogn'altro peso, essendogli sensibile ogni qualunque detrazione nella sua cadente età, in cui ha bisogno di qualche comodo maggiore: confidando di tutto conseguire dall'ammirabile generosità dell'Real (*sic*) Animo Vostro in considerazione di un povero suo suddito, che ha la gloria d'averlo sessant'anni servito; e tutto riceverà a grazia, *ut Deus*.

Gennaro Vico
supplica come sopra.

Ritornato così il reclamo al re, questi diede l'ordine

---

poter passare alla facoltà, che domanda; e lo Studente che sarà passato in qualsivoglia altro modo non guadagnerà il corso in quella facoltà, che passò, infin a tanto che non sarà esaminato". L' art. 4 stabilisce che per questo esame lo studente "sia approvato o sia riprovato, paghi all'esaminatore mezzo carlino".

— eseguito il 18 novembre '97 : — "Il C. M. s'incarichi di questo e riferisca speditamente, tenendo presente l'antecedente sua relazione, volendo S. M. che si riesamini".

Il cappellano maggiore rispose, questa volta con una lunga relazione, in cui premette la' storia della lunga pratica, e prosegue:

In oggi lo stesso D. Gennaro Vico con ricorso umiliato nelle vostre Reali mani espone, che il soldo è immune da ogni peso, e la pensione è sottoposta alla decima, e chiede che gli si faccia godere il soldo intero senza alcun peso. Espone inoltre che alla Cattedra di Rettorica è privativamente annesso l'emolumento delle fedi di Rettorica, e questo gli si è dimezzato: che anche il soprasoldo che godea di annui D.^{ti} 47 si è minorato ad annui D.^{ti} 38, onde fa ascendere il compenso da V. M. ordinatogli a D.^{ti} 130 annui; e, qualora dovesse lasciare i detti emolumenti il fa ascendere a D.^{ti} 200, che uniti al soldo di detti D.^{ti} 300 formano la somma di D.^{ti} 500; e quindi implora la grazia di ordinarsi, che gli si corrispondano gli annui D.^{ti} 500 immuni ed esenti da decima, e da ogni altro peso, essendogli sensibile ogni qualunque altra detrazione nella sua età cadente, in cui ha bisogno di qualche comodo maggiore.

Debbo inoltre aggiungere che lo stesso D. Gennaro Vico, essendosi a me presentato, mi ha fatto conoscere, che avrebbe desiderato il solo domandato sussidio senza la giubilazione; affinché gli fosse continuato l'onore di pubblico Regio Professore fino alla morte.

Quindi sommetto io alla sovrana intelligenza, che l'emolumento delle fedi di Rettorica non si è dimezzato al supplicante D. Gennaro Vico se non che per la condizione de' tempi, in cui è minore il numero di coloro che si prendono la laurea dottorale; e quando la Cattedra di Rettorica sia provveduta di novello Professore, a costui dovrà appartenere la formazione di tali fedi, giacché il giubilato de Vico non potrebbe attestare ciò che non potrebbe sapere. che per altrui relazioni. Se il Professore D. Gennaro Vico continuasse a leggere nella Cattedra di Rettorica colla pensione di annui D.^{ti} 120 sulle rendite delle Chiese vacanti, avrebbe con queste un giusto compenso per la mancanza de' D.^{ti} 60 che godeva come Direttore dell'Alta antichità dell'Accademia Reale, e per la minorazione sofferta ne' soprasoldi, e negli emolumenti delle fedi. E potrebbe anche esentarsi dal peso di annui D.^{ti} 30 per lo mantenimento del Sostituto, qualora avesse per sostituto il Sacerdote D. Niccola Ciampitti napoletano, il quale si è offerto di leggere in tale qualità senza pretendere soldo o riconoscenza veruna; ed io già l'ho proposto alla M. V. per la sostituzione nella stessa Cattedra sotto il dì 18 del corrente, sino a che non fosse provvvista di proprietario in esito del concorso ordinato; essendo detto Ciampitti riputato non solo per l'abilità in grado di Professore, ma noto eziandio per lo costume irreprensibile, e pe' suoi sentimenti morali, e di attaccamento al Regio Trono.

La giubilazione, o Signore, del ricorrente D. Gennaro Vico, non vi ha dubbio, che sia stato un effetto della vostra Sovrana Clemenza e paterno amore verso i vostri sudditi, considerando il lungo servizio ed età di lui avanzata: ma, siccome egli ama di proseguire por quanto può nel servigio, e morire coll'onore di Cattedratico, desiderando solo il compenso per ciò, che ha perduto, così sarà effetto della stessa Sovrana Clemenza e paterno amore il risolvere, che gli si dia la pensione de' suddetti D.^{ti} 120, e continui ad essere il Professore nella Cattedra di Rettorica, accordandogli per sostituto il Sac.^{te} D. Niccola Ciampitti senza soldo o riconoscenza alcuna, come esso Ciampitti si è offerto.

Il Signore Iddio lungamente conservi, o sempre prosperi la vostra Sagra Real Persona. = Di V. M. — Napoli 25 novembre 1797 = L'Arciv. di Colosso.

Allora il re prese il 12 dicembre 1797 la seguente

decisione:

Il Re, prendendo in considerazione le circostanze del vecchio pubblico Lettore di Rettorica D. Gennaro Vico permette, che lo stesso rimanga nella Cattedra valendosi di un sostituto, e nel tempo stesso, per dare al medesimo un segno di sua sovrana beneficenza, gli accorda l'annua pensione di ducati 120 sul Monte Frumentario, soggetta però al peso della decima.

Nel comunicarsi al Cappellano Maggiore, si dica, che rispetto al sostituto nominato, la M. S. li comunicherà appresso i suoi R.li ordini.

Resti accordato per sostituto il proposto D. Niccola Ciampitti, qualora la Giunta di stato non l'abbia notato, e perciò se gli faccia la domanda.

es.º a 19.

C[orradini].

Nell'ultimo inciso si sente che sono avvenuti i processi del 1794, e che tutta la cultura è venuta in sospetto a' Borboni. Il Corradini, adunque, dové prima assumere le informazioni politiche relative al Ciampitti; che gli vennero con questa lettera del principe di Castelcicala:

Dalla consulta della Suprema particolare Giunta delegata di Stato de' 7 del corrente Dicembre, avendo rilevato il Re che nelle carte della materia di Stato non vi è alcuna nota, o indicazione contro il Sacerdote D. Niccola Ciampitti proposto dal Cappellano Maggiore per Sostituto alla vacante cattedra di rettorica ne' Regj Studj: nel Real nome la Real Segreteria di Stato, Affari esteri, Marina e Commercio lo rescrive a V. S. Ill.ma per sua intelligenza, in risposta del viglietto de' 2 del suddetto Dicembre. = Palazzo 16 dicembre 1797 = Il Principe di

Castelcicala — Sig.ʳ Marchese Corradini.

E, quindi, il 18 dicembre, il Corradini poté dare questo ultimo ordine [121] , eseguito il di seguente: "Si comunichi al Cappellano maggiore la real risoluzione affinché lo stesso l'esegua accordando al Ciampitti la sostituzione della cattedra di Rettorica".

Ed ecco, infine il decreto, in data 19 dicembre 1797, con cui si chiuse questo lungo e doloroso piato.

Il Re, prendendo in considerazione le circostanze del vecchio pubblico Lettore di Rettorica D. Gennaro Vico, permette che lo stesso rimanga nella cattedra, valendosi del Sacerdote D. Nicola Ciampitti per sostituto. E nel tempo stesso, per dare la M. S. al medesimo un segno di sua Sovrana beneficenza, è venuta ad accordargli l'annua pensione di ducati centoventi sul Monte Frumentario soggetta però al peso della decima. Lo prevengo di Real Ordine a V. S. Ill.ma acciò ne disponga l'adempimento nella prevenzione di essersi dati gli ordini alla Camera, per la pensione al Monte Frumentario. Palazzo 19 dicembre 1797= Saverio Simonetti = Sig. Principe d'Ischitella[122].

Così nel calendario di corte del 1798, per la cattedra

---

[121] Segnato in margine alla lett. precedente del Princ. di Castelcicala.

[122] "In vigore del sud. Rˡᵉ Ordine a 25 gennaio 1798 si spedì !ib.ᵃ a D. Gennaro Vico Lettore della Cattedra di Rettorica duc.ᵗⁱ sessantasei, e s. 66 ⅔", ecc. ecc. Ordinario 32: *Scrivania di razione. Lettori pubblici*, c. 135 a. Seguono ivi i pagamenti delle rate al Vico fino al 21 marzo 1805 (c. 135 b) A c. 168 b. sono segnati i due ultimi pagamenti del 6 giugno e 5 dicembre 1805.
In pari data era comunicato lo stesso Decreto al capp. maggiore. *Dispacci Ecclesiastico*, 534, fol. 3 b.
Anche nell'Ord. 125, della *Scrivania di razione*: R. Studj — Pompei, fol. 38, sono segnati dei pagamenti di soldo fatti a Gennaro Vico dal 21 ottobre 1799 ai 5 dicembre 1805, tre volte all'anno; e ivi a fol. 12 leggesi anche una serie di pagamenti al medesimo, per gli anni precedenti.

di rettorica e poetica, accanto al nome di Gennaro Vico si trova quello di don Nicola Ciampitti come professore sostituto. Ma, disgraziatamente, non ci restano i calendari degli anni 1799-1804. Per quanti anni insegnò Ciampitti?

I biografi di costui ci farebbero pensare che fino alla morte di Gennaro Vico egli continuasse a sostituirlo: "Prescelto venne nel 1798", dice uno di essi "ad occupar la cattedra di eloquenza nella E. Università degli Studi, che per la decrepita età di Gennaro Vico era stata dal medesimo abbandonata. Nella qual palestra avendo egli mostrato non volgar valore, come ordinario professore, nel 1806 meritò di ottenerla",[123]. Ma, nel calendario del 1805, vediamo come sostituto di Gennaro Vico, don Niccola Rossi, che forse eia sottentrato al Ciampitti nella cattedra del liceo arcivescovile [124]. Quell'anno, il 18 gennaio, le lezioni universitarie furono inaugurate nel chiostro di Monteoliveto[125] (donde l'università tornò al Gesù Vecchio, il 31 ottobre di quell'anno[126]. Abbiamo l'*Oratio Nicolai Rossi in Regio Neapolitano Archigynmasio Rhetor. et Poetic. Prof. subst. habita in aedibus Montis Oliveti in prima sollemni*

---

[123] *Elogio di N. Ciampitti* del march, di Villarosa, in *Ultimi uffizi alla memoria del Can. N. Ciampitti*, Napoli, Porcelli, 1833, p. 16. Vi si parla anche del metodo d'insegnare del Ciampitti). Dello stesso Villarosa, *Ritratti poetici*, Napoli, 1842, p. 118. G. Castaldi (*Elogio stor. di N. Ciamp.* pron. nell'ad. gen. della R. Soc. Borb. il 30 genn. 1833, pp. 7-8) parla anche lui della nomina di sostituto nel 1798. della decrepitezza del Vico, e della nomina d'ordinario nel 1806 "per proposta fattane da Monsignor Capobianco Capp. Magg.". Cfr. anche Royer, *Elogio di N. C.*, Napoli, 1834, p. 18; e gli *Elogi* dell'ab. Serafino Gatti, Napoli, Fibreno, 1832-1833, II, 209 e le note a p. 224.

[124] C'è infatti un *Januarii Caroli Borbonii De Vita Commentariolus* auctore Nicolao Rossio in *Archiepiscopali licaeo Humanarum Litterarum professore*; s. a.

[125] L. Del Pozzo, *Cron. civ. e milit. delle Due Sicilie sotto la din. Borbonica*, Napoli, 1857, p. 213.

[126] Del Pozzo, sotto questa data.

studiorum instauratone An. MDCCCV.[127]

Nell'esordio, il Rossi, accennando le ragioni della sua peritanza per la solennità dell'occasione, dice fra l'altro: "Mi commuove anche l'insolenza del luogo stesso, che, quasi di sua propria iniziativa, mi ribatte, affinché al primo incontro io interrompa qualcosa di sinistro con il mio vizio; così poco abituato al suo aspetto, non so quale offesa abbia nel dirlo"[128]. Queste parole non fanno pensare che il luogo, non la cattedra, era nuovo al Rossi? In tal caso, il Rossi avrebbe sostituito il Vico anche prima del 1805.

Questi percepì l'ultima rata del suo stipendio il 5 dicembre 1805[129]. Il pagamento successivo sarebbe toccato nel marzo 1806. Allora Gennaro doveva essere morto[130].

Un decreto del 31 ottobre 1806, di Giuseppe Napoleone, riordinava, come vedremo, gli studi dell'università; sopprimeva varie cattedre fra cui quella di "Rettorica " (articolo 34); e disponeva (art, 42): "Tutti i professori proprietari delle cattedre soppresse avranno la metà del loro antico soldo per giubilazione"[131]. Infatti un decreto degli 11 dicembre 1806, accordava la giubilazione a

---

[127] *Ut quisque literatissimus, ita civis optimus.* — Neapoli. ap. Vinc. Ursinum, di pp. 32, s. a.

[128] Pag. 6. [*"Moveor etiam ipsius loci insolentia, qui ut prope suo jure a me repetit, ne quid in occursu primo ominosum vitio meo intercidat; ita sua non assueta facies, nescio quam offensionem habet in dicendo"*].

[129] Vedi sopra p. 70 n.

[130] Potrebbe esser morto anche prima del dicembre 1805, perché un dispaccio, a firmar di don Gaetano Maria Biancone, del 19 sett. 1737 (*Regali Dispacci raccolti da Diego Gatta, parte II, to. III, Napoli 1770, pp. 434-5*), stabiliva che, morendo un cattedratico, si pagasse il terzo incominciato agli eredi. Ed eredi, come sarà detto, pare che Gennaro ne lasciasse.

[131] *Collez, degli editti, deteminaz., decreti e leggi di S. M. da' 15 febbr. a' 31 dic. 1806,* Napoli, Stamp. Simoniana, pp. 384, 385. Lo stesso Decreto è nella *Collez. delle leggi, de' decr. e di altri atti riguardante la P. S. promulgati nel già reame di Napoli dall'a. 1806 in poi,* Napoli. 1861-03, I, 6 sgg.

ventidue professori universitari, fra i quali sono i titolari delle cattedre soppresse[132]. Ma Gennaro non c'è. Il decreto dell'ottobre instituiva bensì, come vedremo, una cattedra di "eloquenza antica e moderna". Ma appunto a questa un decreto del 14 novembre[133] nominava il canonico Nicola Ciampitti. Il Vico, adunque, morì poco dopo compiuti i novanta anni[134].

---

[132] Collez. degli editti cit., pp. 405-6.

[133] Ivi. pp. 424-5.

[134] Il march. di Villarosa, nel suo art. biografico su G. Vico, nei *Ritratti portici*, ed. 1842 (nell'ed. 1834 non c'è il "Ritratto" di G. Vico), non riferisce nessuna data; o meglio dà sì quella del 1° vol. degli *Opuscoli* di Vico da lui pubblicati, ma sbaglia indicando il 1816 invece del 1818. Egli dice che Gennaro finì di vivere nell'età di anni 78. Ma è un errore, come han dimostrato i nostri docc.; e così erronea è l'indicazione di una *Oratio ibid.* (sc. in *R Neapolit. Accad.*) *in solemni studior, instauratione*, An. 1768, che è l'orazione *Optima studenti oratio* del 1774. pubblicata con quella *In Regiis Nuptiis* del 1768.

V.

Quando, nel 1787, Gennaro Vico lesse nell'Accademia la sua memoria sull'*Origine della repubblica di Locri*, tra gli accademici che l'ascoltarono, era l'abate Filippo De Martino (1702-1794), l'elegante traduttore in esametri latini

del *Tempio di Gnido* del Montesquieu (1786), l'autore dell'anonimo *Hirpini pöetæ in Germanum Penthecatostichon* (1789), e di importanti opere erudite, come i commentarii *Ad sex primorum Caesarum genealogicam arborem*,pubblicati appunto quell'anno, 1787[135].

L'ab. De Martino, che sapeva comporre esametri e distici per ogni occasione[136], *salsus attice – doctissimus eloquio – lepidissimus colloquio*[137], fu ispirato dalla sua facile musa a indirizzare a Gennaro Vico i seguenti versi, che rimangono tra le carte di questo, nella pressoché illeggibile scrittura [138]dell'autore:

Ad J. Vicum
Hexastichon. [139]

---

[135] Vedi su di lui e de' suoi scritti Villarosa, *Ritratti poetici*, pp. 129-31.

[136] Una raccolta di *Carmina* Phil. De Martino fu pubblicata a Napoli, 1778. in-4.

[137] Vedi l'epigrafe per lui nel *Sepulcretum amicabile* di E. Campolongo (Napoli, 1781-2), I, 18. Il Napoli Signorelli, nel Supplemento alle *Vic. Di colt. delle Due Sic.*, Parte I, Napoli, Flauto. 1792. p. 190: "E tuttavia risuona fra noi la cetra armoniosa dell'ab. Filippo Martini, il quale presso a compiere il sedicesimo lustro di sua età serba in vecchie membra giovanile vigore e fecondità e facilità pari alla vena ovidiana".

[138] Anche il Villarosa, del cui padre il De Martino sarebbe stato "amicissimo", diceva (l. c.) di possedere moltissimi versi del medesimo "scritti col di lui poco intelligibil carattere".

[139] [A G. Vico, Esastico.

Chi erediterà la virtù di tuo padre?
Neghi che la fortuna è come quella di un povero?

Haeredem quis te virtutis jam paternae,

Entrambi meritano maggior fortuna, ma entrambi
sono stati disprezzati da questa cieca divinità. Gloria ha vinto abbastanza:
Attraverso gli Appennini, le Alpi, i ghiacciati Pirenei,
Al di là del mare, oltre Calpe, la Fama sarà eterna.

Allo stesso, per la dissertazione su Pompei.

Salverai Pompei dall'oscurità, quasi sepolta.
E ora preferisci la luce intensa della torcia.
Tu riporti in Esperia due grossi buoi macellati,
laddove Anfitrionia fece una grande parata.
E il terremoto in cui è crollato il teatro della città
Pompei, le alte mura di Alcide, note
Mentre Nerone cantava, mentre, con mesto cuore, era severo
Quando Seneca ha applaudito Burro con la bocca e la mano.
L'auriga vide il fallo, e anche Roma vide Nerone.
Ed il Pio si meravigliava della sua turpe arena,
La testa è graffiata con artigli rosei e la bocca della colonna
Sulla base del lavoro nobile ci mostra.

*Allo stesso per la dissertazione su Locri
Il secondo Dodecastico.*

Costui comanda anche lo studio e la lampada del guardiano
Al canto del gallo, nel silenzio della notte, è saggio.

Una regione d'Italia dominata dai coloni greci
Quando l'antica Grecia era grande.
Qui citi i Locrii, i Troiani del tempo della guerra
E in varie occasioni e innumerevoli volte
Di qui anche i muti, le vocali di là le cicale,
Ma niente sul Teban Viticoltore.
Bacco fissò la primula sulle colline non lontano da qui
Un seggio: l'eloquente Musa di Rhedis è muta;
Ignori tutto l'orbe locrense?
Ha asciugato i tini in due tazze al mattino.

Ridi e salutami, e io, il tuo più amato e più legato a te, che è naturalmente tale.
continua ad amare].

Fortunaeque simili pauperis esse neget?
Ambo fortuna digni meliore, sed ambo
Sprevistis caecam. Gloria parta satis:
Trans Apenninos, Alpes, gelidamque Pyrenem,
Trans mare, trans Calpem Fama perennis erit.

Ad eundem pro dissertatione de Pompejis.

Eruis e tenebris Pompejos, pene sepultos.
Et nitido praefers lumino jam facem.
Hesperia[140] reducis magnis bine bobus abactis
Amphitryoniadis maxima pompa fuit.
Et terrae motum[141] quo corruit Urbe theatrum,
Pompej, Alcidis moenia celsa, notas,
Dum caneret Nero, dum, tristi sed corde, severus
Cum Seneca Bnrrhus plauderet ore, manu.
Aurigam, foedum vidit, quoque Roma Neronem:
Et mirata suum turpis arena Pium[142]
Arrosos ungues scalptum caput, osque columnae
Innixum nobis nobile monstrat opus.

*Ad eundem pro dissertatione de Locris
Dodecastichon alterum.*

Hoc iugens etiam studium, vigilemque lucernam
Ad galli cantum, nocte silente, sapit.

Italiae regio Graecis dominata colonis
Quum fuerit priscis Graecia Magna fuit.
Hic Locros memoras, Trojani ab tempore belli

---

[140] Cioè dalla Spagna. Allusione alla leggenda, menzionata anche nella *Dissertazione* del Vico, e che si trova in Solino (II, 5); la quale spiega il nome di Pompei "*quia* [Ercole, fondatore di Pompei] *pompam boum duxerat*".

[141] Il terremoto dell'anno 63 d.C.

[142] *Commodum gladiatorem* (Postilla del De M.).

Et varios casus innumerasque vices
Hinc mutas etiam, vocales inde cicadas[143],
At de Thebano Vitigatore nihil.
Collibus haud thuscis, heic primula fixit Bacchus
Sedem: muntitur Musa diserta Rhedi[144];
Expeti an ignoras totum Locrense orbein?
Siccavit vates pocuila mane duo.

Ride et vale, meque tui amantissimus tibique addictissimum,quod
sponte talis. amare perge.

Ph. Tuus.

Quanta fosse la modestia di Gennaio si può vedere dalla risposta in prosa che egli fece a questi distici del De Martino, e che non vale certo meno di essi. In questa lettera c'è tutto lui:

Philippo De Martino
Januariun Vicus S. D.

Accepi una cum elegantissima Elegia, mihi inscripta, et

---

[143] Accenna al curioso fenomeno, su cui s'intrattiene a lungo il Vico nella sua *Dissertazione su Locri*, accennato da Strabone, Plinio e altri scrittori antichi, che le cicale, oltre il fiume Alece, dalla parte di Reggio, fossero mute, e al di qua, dalla parte di Locri, cantassero. Uno studioso del luogo, al quale G. Vico per mezzo dell'Accademia si era rivolto por ottenere certe informazioni topografiche su questo fatto delle cicale, per sapere se notavasi ancora il curioso fenomeno, rispondeva argutamente: "Quel che si dice delle cicale mutole e vocali non è punto vero, perchè da per tutto assordano le orecchie di questi abitatori!".

[144] In ditirambo *Bacco in Toscana*, (Postilla del De M.).

quasi comite adjuncta, nitidissimum tuum, Clarissimi Viri, Stephani Patritii[145], Elogium: dignum sane argumentum, in quo laudata virtus emù compta laudantis facundia ita certare videtur, ut nescias, utrum plus decoris dignitàtis splendori accesserit, an ingenii ubertati. Quod sane a me ipso quasi abductus ea inexplebili aviditate voravi, ut veritus sim, ne tot tantarumque venustatum ingluvies stomacho nimis pigro et inerti, qua molestissima valetudine maxime labore, aliquam pareret cruditatem: sed longe absunt ea. quibus corpora, ab iis, quibus aluntur ingenia: illa enim tempore egent, ut conficiantur; haec facillime concoquuntur, ac statim in vires et sanguinem transeunt. Quapropter cum res tuas legendas, imo potius admirandas suscipio, in quibus eum sententiarum splendorem, tum, velut in vermiculato emblemate, sic structa verba videas; tantum abest. ut in iis Aristarchum agere audeam, ea jucunditate et quasi nectare animus perfunditur, ut, audacter dicam, quod sentio, ipse mihi quodam modo videor,

epulis accumbere Divûm

Tuo lautissimo execptus convivio, repletusque dapibus tuis, ne mihi, ne tibi desim, te vicissim ad me invitare cogor: nam saepe fit, ut quaedam officia vel cum aliquo periculo praestanda sint. Fortasse inquies, quid agis? Satin' sanus es? Qui me postules ad te vocare? Vide ne quid temere facias! Visne tuum pusillum censum absumere? Audio: ineptus, profusus, impudens videar, quidvis potius, dum ne sim inofficiosum. Quare mitto Tibi cum hac deprecatrice epistola duas Oratiunculas [146]. quae si rei amplitudinem existimas, si quia eam commode et pro dignitate tractasset, haud longe abeunt ab iis, quas coeci per compita

---

[145] Su Stefano Patrizi (1715-1797), magistrato, professore di diritto feudale nell'università, dotto giureconsulto, autore anche di una *Dissertazioni sul Teatro* (inedita), che è lodata anche dal Metastasio, vedi Villarosa, *Ritratti*, ed. cit., pp. 55-57.

[146] Le due orazioni stampate nel 1775: *In regiis Nuptiis* e *Optima studendi ratio*.

canentes stipem emendicant. Quanto sane mihi satius fuisset, exiguam illam de me opinionem, quaecumque ea esset, retinere, nullo typis edito experimento: quis modo recipiat, etiam levi illa existimatione me non esse revocatimi? Grave quidem et anceps, toties judicium subire, quot sunt ii, quorum in manus incidas: cum praesertim in rebus, in quibus non utilitas quaeritur necessaria, sed libera quaedam animi oblectatio, sciam, quam sint homines morosi et difficiles ut nodum in scirpo quearant. Haec eo dico, ne me putes laureolam in mustaceo quaerere voluisse: quod vel ex eo patet, quod tam diu in publicum edere cessaverim: magnimi sane nolentis indicium; sed ne diutius eorum, qui apud me plurimum possunt, voluntatem negligere viderer: ac proinde rogari et negare desinerem. Nunc tecum mihi res est: obliviscore parumper divitiarum atque opum tuarum: pone, quaeso, munditias, pone lautitias tuas: illam denique eruditissimi palatus tui, cuncyaa minus exquisita aspernantis, elegantiam pone: da te mihi vicissim; et finge, te iter facientem, in quandam miseram atque omnium egenam cauponam divertisse, quod saepe usuvenire solet: atque in coena panem atrum, asperrimum vinum, coepas, allium, palustres mullos frictos et silvestria poma esse apposita; quid ageres? Nonne tempori servires? Quidni amici tempori inservias? Et siquid ei exciderit, quod tibi minus probetur (id vero pro meo jure postulem) transverso calamo signes? Utinam ne cuncta: atque eius causimi suscipias? Equidem liquido jurare possimi: et tu fortasse iuxta mecum sentis: tantum iis dignationis accessurum, quantum tu tua auctoritate tribueris. Male factum: aegre est, Te propter M. Antonii, fratris amantissimi et sanctissimm monialium, sororis tuae, obitum, adhuc in moerore et luctu versari [147]. Quid? Visne solus ignorare, vulgo quod dicit solet. nihil facilius, quam lacrymas inarescere?

---

[147] Della sorella Maria Gabriella, che riedificò il monastero delle Cappuccine di Aversa, e morì in odore di santità, fu scritta la vita, che è ricordata dal Villarosa, *Ritraiti*, p. 131.

ac demum, quid jam ridentes, et coelo receptos luges? Vale.[148]

---

[148] ["Ho ricevuto insieme con l'elegia elegantissima, a me inscritta, e attaccata come a un compagno, il vostro elegantissimo, illustre uomo, Stefano Patrizio, un elogio: davvero un argomento degno, in cui la lodata virtù sembra competere con la docile eloquenza del lodatore in modo tale da non sapere se più bellezza è venuta allo splendore della dignità, o all'abbondanza del talento. Certo, lo divoravo con un'avidità insaziabile, come portato via da me stesso, tanto che temevo di ingoiare tante e tante grazie in uno stomaco troppo pigro e inerte, con cui la salute più fastidiosa, con la la maggior parte del lavoro, produrrebbe qualche crudezza: ma sono tutt'altra cosa, rispetto ai corpi, ciò di cui si nutrono gli intelletti: perché mentre questi richiedono tempo per essere compiuti, quelli invece sono molto facilmente digeribili e passano immediatamente nella forza e nel sangue. Perciò quando leggo le tue opere, anzi, mi impegno ad ammirarle, nelle quali vedo lo splendore delle frasi, e poi, come in un emblema vermicolato, le parole così strutturate; così lontano sì che oso agire in loro come Aristarco: l'anima è piena di tale delizia e come di nettare, in modo che, parlando arditamente, ciò che sento, mi sembra in un certo modo me stesso «una divinità che sta per adagiarsi alla festa» A un banchetto che ti è molto gentilmente inviato e pieno del tuo cibo, per timore che io ti manchi, ti costringo a invitarmi a tua volta: perché spesso accade che certi doveri debbano essere eseguiti con qualche rischio. Forse sei irrequieto, cosa stai facendo? Stai abbastanza bene? Chi mi chiedi di chiamarti? Fai attenzione a non fare nulla a caso! Vuoi spendere il tuo piccolo reddito? Stammi a sentire: posso sembrare sciocco, prolisso, sfacciato, tutto ciò che vuoi, purché non sia irresponsabile. Perciò ti mando con questa lettera implorante due *Orazioncelle*, le quali, se tu consideri la loro brevità, anche perché sono state maneggiate comodamente e con dignità, non sono molto lontane da quei canti che si riponevano negli stipi. Quanto meglio sarebbe stato per me conservare quella piccola opinione di me stesso, qualunque essa fosse, senza aver pubblicato alcun saggio a stampa; infatti è cosa seria e difficile sottoporsi al giudizio tante volte quanti sono quelli nelle cui mani si cade; specie nelle cose in cui non si cerca un vantaggio necessario, ma una specie di libero divertimento dell'animo: io so quanto sono cupi e inclini gli uomini a trovare un nodo all'interno di un altro nodo. Dico queste cose, perché tu non pensi che ho voluto cercare, come si suol dire, l'alloro nei baffi: il che si vede dal fatto che da tanto tempo avevo cessato di mangiare in pubblico; ma che non mi si vedesse più trascurare la volontà di chi può fare ben più di me: e perciò si cessi dal domandare e dal negare. Ora ho un problema

Una lettera, come si vede, di chi non ha molto da fare: cioè un vero componimento letterario, freddo, è vero, ma irreprensibile. E dell'intenzione letteraria di chi lo scrisse ci assicura la doppia copia[149], che se ne trova tra le carte di Gennaro, e ci fa pensare che questi la dové dare a leggere a qualche amico. Certo, già questa lettera dimostra una conoscenza profonda e un uso sapiente del latino classico.

Ma s'ingannerebbe chi pensasse che per Gennaro la frase, la forma fosse tutto. Non era stato questo l'insegnamento paterno. Chi non ha letta l'orazione di G. B. Vico *De nostri temporis studiorum ratione* (1708)? In essa il professore di rettorica si permetteva di criticare l'indirizzo di tutti gli studi del tempo suo, e di additare a tutti un'altra via. Onde sulla fine sospettava che altri potesse domandargli: *"Quid tua, inquient, ejusmodi argomenta, quae omnia sapiunt, disserenda suscipere?"*; e rispondeva: "Nihil mea Ioh. Baptistae Vici: at mea multimi eloquentiae Professori; quando sapientissimi Majores nostri, qui hanc

---

con te: dimentica per un momento le tue ricchezze e le tue ricchezze: metti via, ti prego, la tua politezza, metti via i tuoi lussi: raffinatezza: donati a me in cambio; e immagina che tu, nel tuo viaggio, ti sia trasformato in un certo locanda miserabile e povera, che viene spesso utilizzata; cosa stavi facendo Non sconteresti il tempo? Perché non sconti il tempo del tuo amico? E se gli accadesse ciò che per te è meno evidente (questo esigo in mio diritto), lo firmeresti con una penna riluttante? Non sarebbe tutto: e sposeresti la sua causa? In effetti, posso giurare chiaramente: e forse lo senti con me: saranno trattati con tanta condiscendenza quanta ne darai loro con la tua autorità. È una brutta cosa: ti è difficile, per M. Antonio, fratello delle dilettissime e santissime monache, la morte della tua sorella, essere ancora nel dolore e nel lutto. Come? Vuoi ignorare quello che di solito dice in generale? Niente di più facile che versare lacrime?«Credi che i Mani si prendano cura dei sepolti?»; e infine, perché ridi adesso, forse che le persone in lutto sono state accolte dal cielo? Stammi bene"].

[149] Ne abbiamo riprodotta una, senza tener conto delle varianti di poco conto che l'altra presenta.

Studiorum Universitatem fundarunt, Eloquentiae Professorem *omnes scientias artesque doctum esse oportere*, satis suo instituto significarunt (...). Nec temere ter maximus ille vir Franciscus Verulamius, illud Jacobo Angliae Regi dat de ordinanda Studiorum Universitate consilium, ut adolescentes, non ornili doctrinarum orbe circumacto prohibeantur. Nam quid aliud est Eloquentia, nisi sapientia,quae ornate, copioseque et ad sensum communem accommodate loquatur?" [150] (§. 19). E, nelle *Institutiones oratoriae*, che il Vico dettò a' suoi scolari nel 1711[151], la filosofia è detta *rhetoricae instrumentum maxime necessarium*. E, nelle aggiunte postume alla propria *Vita*, parlando del suo insegnamento di rettorica, ci fa sapere che egli "non ragionò mai delle cose dell'eloquenza, se non in séguito della sapienza, dicendo, che l'eloquenza altro non è, che la sapienza che parla; e perciò la sua cattedra esser quella, che doveva indirizzare gl'ingegni, e fargli universali: e che l'altre attendevano alle parti, questa doveva insegnare l'intero sapere, per cui le parti ben s'intendono nel tutto"[152]. Era, dunque, insegnamento più di cose che di parole.

E che non dissimile — *mutatis mutandis* — debba

---

[150] [Niente mio Giovanni Battista Vico: ma il mio eloquentissimo Professore, quando i nostri saggissimi Maggiori, che fondarono questa Università degli Studi, indicarono che il Professore di Eloquenza doveva essere versato in tutte le scienze e arti, sufficientemente nella sua istituzione (...). E non è un caso che l'uomo tre volte più grande, Franciscus Verulamius, dia quel consiglio a Giacomo, re d'Inghilterra, circa l'organizzazione di un'Università degli studi, in modo che i giovani, che non sono esperti di cultura, siano impediti di essere circondati dal mondo. Perché cos'altro è l'eloquenza, se non la saggezza, che parla con grazia, copiosamente e adattata al buon senso?].

[151] V. Croce, *Bibliogr.*, p. 15.

[152] *Opere*, ed. Napoli, Class, ital., I. 5.

essere stato anche quello del figlio, basta ad attestarcelo l'inedita orazione del 1756: *Dissidium linguae ab animo* etc., della quale giova dare particolar notizia, a documento dell'indirizzo mentale di Gennaro.

Perché, egli qui si chiede, ci siamo tanto allontanati dall'eloquenza degli antichi, *ut vix ac ne vix quidem species ejus quae beatissimis illis saeculis floruit, sit relicta*? E fa la curiosa e giusta osservazione, che nell'antichità ci furono tanti grandi oratori prima che s'inventasse la rettorica: laddove il decadimento dell'oratoria incomincia proprio dall'invenzione di questa. E già anche il padre, nelle *Istituzioni*, aveva detto: "senza natura, senza formazione, l'arte di parlare è un misero laboratorio. Perché tutti, essendo educati con franchezza, imparano l'arte della retorica: ma quanti sono diventati eloquenti, o così eloquenti? Più copiosamente i giovani. Né, naturalmente, i pittori che studiano per eccellere nell'arte si soffermano a lungo nella sua sottile discussione"[153]. Dunque, già il padre aveva scosso la fede nei precetti rettorici. Si senta ora il figlio:

Anzi, è già chiaro quanto, avendo scoperto l'arte, abbiano portato i precetti: con l'uso degli insegnanti, questa pratica del parlare è andata così tanto perduta che in ogni epoca non c'è stato quasi nessun oratore mediocre! Che cosa si potrebbe pensare di più adatto a definire una cosa così immensa, così lontana e così

---

[153] *Opere*, ed. cit., VII p. 9. [sine natura, sine exercitatione, ars misera dicendi officina est. Omnes enim ingenue educti rethoricam artem didicernnt: at quotus quisque evasit eloquens, sive adeo disertus?.. Itaque praestare putarim, hanc artem praeceptionibus parce parcam, optimorum vero exemplorum tradere adolescentibus maxime copiosam. Neque sane pictores, qui excellere in arte student, diu in eius subtili disputatione immorantur].

largamente sparsa, che ridurla a un'arte, la quale è contenuta solo nelle cose note e ben comprese, e mai nelle cose remote? Non ci sembra facilmente che le cose che sono state osservate nell'uso e nel modo di parlare, queste cose siano state notate dagli uomini con la più acuta attenzione, designate con parole, illustrate con tipi e distribuite in parti, in modo che ciò che hanno fatto per natura o per lavoro senza scrupoli, la stessa natura che ci persuade, e in modo sconosciuto otterremo energia? (...) Questo deve essere visto come la cosa più notevole, per mezzo del quale tutte le altre discipline, che sono attinte da fonti generalmente nascoste e nascoste, hanno guadagnato tanto sviluppo, per codesto loro modo di parlare, che risente dei modi e del linguaggio comuni degli uomini, e ha ricevuto così tante perdite che è difficile giudicare se l'invenzione dell'arte sia stata più redditizia o se abbia completamente rovesciato questa facoltà così generosa[154].

Sarebbe ridicolo, prosegue Gennaro, addurre che manchi ai moderni l'intelligenza: essendo innegabile anzi,

---

[154] ["Etenim jam constat, quoti, inventa arte, adductis praeceptis, adhibitis magistris, hoc dicendi studium tantum fecerit jacturam, ut singulis aetatibus vix singoli mediocres oratores extiterint! Quid enim ad rem tam immensam, tam longe lateque dissitam definiendam magis aptum exeogitari potuit, quam eam in artem redigere, quae nonnisi cognitis penitusque perspectis, et nunquam pallentibus rebus continetur? Nonne nobis facillime actu videatur, quod quae observata sunt in usu et ratione dicendi, haec ab hominibus acutissimis animadversa notata, verbis designata, generibus illustrata, partibus sint distributa ut quod illi sive natura, sive improbo labore effecissent, nos eadem suadente natura, atque aliena industria assequeremur? (...) Hoc mirabilius videri debet, quod quibus adjumentis ceterae cunctae disciplinae, quae fere reconditis atque abditis fontibus hauriuntur, tantum incrementum sunt adeptae, iis haec dicendi ratio, quae in communi hominum more et sermone versatur, tantum accepit detrimentum, ut difficile dijudicari possit, utrum artis inventio profuerit magis an funditus everterit hanc liberalissimam facultatem"].

che gl'ingegni moderni abbiano superato gli antichi. Anche Gennaro fu figlio del sec. XVIII!

Potremmo vantarci che questa nostra età sia stata accresciuta e arricchita di tante invenzioni, arti nuove e scienze nuove, non notate da alcuno degli antichi, o per gran vizio, o cercate solo per volontà, che nulla forse riguardante agli usi umani dovrebbe essere più escogitato, e nulla che manchi in materia letteraria dovrebbe essere lasciato a noi[155].

La vera ragione sta proprio, secondo Gennaro, nell'insegnamento della rettorica: non, di certo, per colpa della stessa disciplina, ma per i falsi criterii di chi l'insegna:

Perché io non ho una mente così ostile nei confronti dell'arte, da pensare che sia il frutto di qualche bene; ma ancora una volta confesso che i più numerosi, anzi, i più grandi, insistono nell'eloquenza, che non può essere tramandata dall'arte, né contenuta da precetti: ce ne sono alcuni come per ricordare all'oratore a cosa riferirsi, e quando li osservava, si discostava meno da ciò che si proponeva; ma al contrario, tutte queste cose sono state istituite allo scopo di coltivare l'oratore, e non per formarlo: non è una novità che un'arte possa essere raffinata, e ciò che è buono può essere trasformato in un insegnamento migliore, e che ciò che non è il meglio può ancora essere affinato e corretto in qualche modo; la materia in cui è impegnato, nulla può essere avanzata. È vero, a parte l'arte, con questi artisti nel tempo non importa nulla. i quali, avendo omesso quegli studi utilissimi di sapienza, senza i quali l'eloquenza non può reggersi.

---

[155] ["Nobis gloriavi licet, hanc nostram aetatem tot novis inventis, novis artibus, novisque scientiis ali antiquis aut ingenti vitio non animadversis aut voto tantum expetitis auctam esse et locupletatam, ut nihil fortasse quicquam quod ad humanos usus pertineat amplius excogitandum, nihilque in re literaria desiderandum nobis relinquatur"].

occupati solo dell'esercizio del linguaggio, dai magri e veloci precetti di questo artificio, sostengono che tutte le ricchezze e gli ornamenti dell'eloquenza devono essere ricercati dal più grande serbatoio dei discorsi: e con quella falsa persuasione guidano il giovane ignorante, bisognoso di tutte le cose, in esso, così che quasi tutti lo credono. si accorse di aver già terminato tutte le sue fatiche, e che non le restava assolutamente altro da imparare riguardo a ciò che doveva essere detto (...). Questo fu il maggior inconveniente, questa fu la più grave perdizione dell'eloquenza, che mentre in questo isolamento le aquile delle parole lasciano aggrapparsi la loro giovinezza, cercano di deviare e distogliere dalla fonte più abbondante e perenne della sapienza, da cui tutte le solide e generose virtù di parola sono sgorgate. Onde avvenne che gli studiosi de' nostri tempi riformarono gli studi della Sapienza; spingono l'Eloquenza nei minimi sensi, nel suono vuoto delle parole soggette a nessuna realtà, in frasi ristrette, come espulse dal suo regno e gettate in una specie di panetteria[156].

---

[156] ["Non enim tam infestum animum in artem gero, ut putem eamnullius bonae frugis esse: nec ignoro multa adjumenta atque ornamenta huic dicendi studio ab arte esse subministrata; at rursum fateor quam plurima imo maxima in Eloquentia existere. quae nec arte tradi, nec praeceptis contineri possunt: habet ea quaedam quasi ad commonendum oratorem quo quidque referat. et quo intuens, ab eo quod sibi proposuerit, minus aberret; at ex adverso petendo haec omnia ad excolendum oratorem non ad fingendum esse instituta: non abnuo artem quaedam limare posse, et quae bona sunt fieri meliora doctrina, et quae non optima, aliquo tamen modo acui posse et corrigi: at contra sic sentio, nisi subsit materia, in qua versetur, nihil quicquam proficere posse. Verum seposita arte, cum ista artificum intemperie nihil res est. qui, omissis illis utilissimis Sapientiae studiis, sine quibus Eloquentia consistere nequit. in lingua tantum exercendi occupati, ex hujus artificii exilibus jejunisque praeceptionibus, tamquam e maximo dicendi emporio omnes divitias et ornamenta Eloquentiae petenda esse contendunt: eaque falsa persuasione imperitam juventutem, rerum omnium egenam, in eam fraudem inducunt, ut fere omnes credant. se ea percepta, omnibus laboribus jam esse perfunctos, atque in iis quae ad dicendum pertinent, nihil omnino aliud sibi addiscendum superesse (...). Hoc maximum fuit incommodum, haec gravissima pernicies fuit Eloquentiae, quod dum in hac seclusa verborum aquula juventutem haerere

Insomma, studiate l'eloquenza; ma "non ut ducem, verum ut comitem *eam* adhibeamini". Al tempo del maggior fiorire dell'eloquenza greca, questa non proveniva che dai penetrali della filosofia, *iidemque erant et dicendi et morum praeceptores*:

ma dopo che vennero all'esistenza questi fannulloni delle parole, i quali separarono l'eloquenza dalla sapienza, che era congiunta per natura stessa, e facendo una specie di separazione della lingua dal cuore, per mezzo della quale alcuni ci insegnavano ad essere saggi, e altri a insegnaci a parlare, mentre mettono la lingua all'inseguimento, lasciano che la mente si sciolga nella pigrizia e nella pigrizia, la più abbondante fonte dell'eloquenza è completamente esaurita[157].

Gennaro Vico si fa banditore della più sana teoria estetica, sostenendo che la vera eloquenza è quella che scaturisce dal pieno possesso dell'argomento. E lo dice molto bene:

Sicuramente la virtù del parlare è cosa più grande di quello che costoro pensano, e si coglie da più arti e studi: la quale, ancorché nel parlare non si esprime, né si effonde, eppure suggeriscono

---

patiuntur, ab uberrimo et perenni Sapientiae fonte, a quo solida omnis et generosa dicendi virtus promanavit, avertere atque abducere conantur. Hinc factum est ut nostrorum temporum diserti Sapientiae studia reformident; in paucissimos sensus, in inanem verborum sonitum nulla re subjecta, in angustias sententias detrudant Eloquentiam velut expulsam regno suo atque in pistrinum aliquod dejectam"].

[157] ["at postquam isti verborum nugatores extitere, qui Eloquentiam a Sapientia quae natura ipsa conjunctae erant, dissociarunt, et facto quodam linguae a corde divortio, quo alii nos sapere, alii dicere docerent, dum linguam in quaestu ponunt, animum desidia et socordia tabescere patiuntur, uberrimus fons Eloquentiae prorsus exharnit"].

una forza nascosta. e si sentono anche silenziosamente. Perché la stessa conoscenza di molte arti ci adorna anche nell'agire diversamente. e dove meno lo credi, presagisce ed eccelle: e tanto che, siccome questi stessi confessano di essere lavoratori di lingua pronta e praticati, è vero, come diceva saggiamente Socrate, che tutti sono abbastanza eloquenti in ciò che sanno: vale a dire, dalla loro pigrizia. e con futili precetti si raccoglie quella conoscenza delle cose più numerose e più grandi, senza la quale la volubilità delle parole è vuota e beffarda? Poiché la moltitudine delle cose genera la moltitudine delle parole: con quale accordo è permesso all'oratore di vagare liberamente in questo campo grande e immenso, e dovunque si fermi, per mantenere la sua posizione, a meno che colui che parla e coloro di cui parla non siano ben inteso? Chi potrà mai elevarsi e dalle strette sbarre di quello che è il miglior modo di parlare, far emergere la causa nel campo più vasto dei generi, se l'argomento non è percepito e compreso a fondo da chi parla?[158]

Il Vico, quindi, si fermava a provare partitamente come i fini principali dell'oratoria presuppongano la

---

[158] ["Sane dicendi virtus quiddam majus est, quam isti opinantur, atque ex pluribus artibus studiisque collectum: quae etiamsi in dicendo se non proferaut, nec effundant. vim tamen occultam suggerunt. et tacite quoque sentiuntur. Ipsa enim multarum artium scientia etiam aliud agentes nos ornat. atque ubi minime credas, ominet atque excellit: atque adeo si, quod isti ipsi celeri lingua et esercitata operarii fatentur, verum est, quod persapienter Socrates dicere solebat, omnes in eo quod sciunt, satis esse eloquentes: ex eorum scilicet inanibus. futilibusque praeceptiunculis scientia illa rerum plurimarum maximarumque, sine qua verborum volubilitas inanis est atque irridenda, colligetur? Rerum enim copia verborum copiam gignit: quonam pacto oratori in hoc tanto tamque immenso campo libere vagari liceat, atque ubicumque constiterit, consistere in suo, nisi ei qui dicit, et ea de quibus dicit perspecta sint? Qui poterit quandoque insurgere et ab angustis ejus cancellis, quod optimum est dicendi genus, in amplissimum generum campum causam educere, nisi res subsit ab oratore percepta penitusque cognita?"].

conoscenza delle parti principali della filosofia, per conchiudere anche lui, come già il padre: *eloquentiam nihil aliud esse, nisi copiose loquentem sapientiam*. Ma quale filosofia? E s'insegnava allora nell'università di Napoli una filosofia atta a far risorgere l'eloquenza?

G. B. Vico, nel 1711, aveva detto: "Per ciò che riguarda la filosofia; come anticamente né la dottrina degli Epicurei, né degli Stoici era utile all'Eloquenza (quando gli Epicurei della nuda e semplice esposizione delle cose si contentavano, e gli Stoici col troppo affettare sublimità, ciocché nell'Orazione e nello stesso spirito ha di generoso, infrangeano e cincischiavano, e tolto ogni succo ne denudavan le ossa disciolte per soprappiù di lor giunture): così oggi né la Cartesiana, né l'Aristotelica del nostro tempo fa gran pro alle cose oratorie: questi perchè disadorni e rozzi: quegli perchè digiuni, secchi ed aridi in tanto, che io stimo l'eloquenza dei nostri tempi (quando la lingua latina pur coltivasi diligentissimamente) prender vizio dalle cose istesse; ed essersi principalmente corrotta perchè le cose filosofiche senza splendore alcuno, senza ornamento e ricchezza s'insegnano"[159].

Nel 1750 insegnava filosofia, già dal '41, nello Studio di Napoli A. Genovesi. Pure Gennaro, da buon figliuolo di Giambattista, dice vichianamente al suo uditorio accademico:

Dirò con franchezza quello che sento: i Filosofi del nostro tempo non possono portare alcun beneficio all'eloquenza, poiché ci hanno posto non come se fossimo nati a questa luce civile, ma come se fossimo separati dalla società degli uomini, e agire nella

---

[159] *Institut. Orat., Opere*, VII, 7-8. Ho citato la trad. del Parchetti, pel suo sapore vichiano.

ricerca della saggezza; quindi), e quella parte più importante, cercare la verginità della razza umana. e con questi affetti discute le caratteristiche proprie delle virtù e dei vizi, e di quella più difficile di tutte le arti del decoro; l'erudizione giace per noi deserta e incolta: se la verità è oggi uno dei fini dei nostri studi, rintracciamo la natura delle cose che è certa, non rintracciamo la natura degli uomini, che è più incerta dalla volontà[160].

Anche nello ultime parole pare di scorgere una reminiscenza degli scritti paterni. Si ricordi il celebre luogo della seconda *Scienza Nuova*: "A chiunque vi rifletta, dee recar maraviglia, come tutti i filosofi seriosamente si studiarono di conseguire la scienza di questo mondo naturale: del quale, perchè Iddio egli il fece, esso solo ne ha la scienza; e trascurarono di meditare su questo mondo delle nazioni, o sia mondo civile, del quale, perchè l'aveano fatto gli uomini, né potevano conseguire la scienza gli uomini". Ma non più che una reminiscenza, come ognun vede : perché già lo spirito è diverso.

Quapropter ad antiquos confugiendum! Ma a quali antichi? Anche in ciò Gennaro segue da presso il padre.

---

[160] ["Audacter dicam quod sentio: nostrorum temporum Philosophi nullum emolumentum eloquentiae afferre possunt, quippe nos non ut ad hanc civilem lucem natos, sed tamquam ab hominum societate sejunctos vitam acturos in sapientiae studiis instituunt: etenim dum nimis curiose naturae secreta rimari conantur, moralem ponitus neglexerunt (*sic*), eamque potissimam partem, quaede humani generis iugenio. ejnsque affectibus, de propriis virtutum et vitiorum notis, deque illa decori arte omnium difficillima disserit: atque adeo prestantissima de Rep. doctrina nobis deserta et inculta jacet: cumque hodie unus studiorum finis sit veritas, vestigamus rerum naturam quae certa est, hominum naturam non vestigamus, quae ab arbitrio est incertissima"].

Epicuro, anche se lo considero il primo saggio, si accontentò di un'esposizione nuda e semplice delle cose. Pirrone, tuttavia, non sapeva quali parti avrebbe potuto avere in questo lavoro, di chi sarebbero stati i giudici, davanti a chi avrebbe parlato, l'imputato per cui avrebbe parlato, il Senato in cui la sentenza sarebbe stata pronunciata. Penso che dovrebbe essere cacciato Zenone come abominevole oratore da questo che abbiamo istituito per impegnare un gruppo, al quale nessuno dei presenti sembra essere sano, né cittadino, né uomo libero. Aggiunse anche che, con un eccessivo affetto per la sottigliezza, tutto ciò che era nel discorso era più generosamente spezzato e tagliato[161]. Per questo avvenne che gli Stoici, che erano quasi tutti i più saggi nel disputare, passarono dal disputare alla parola, e furono trovati sterili e indifesi. Aristotele si diletta in un certo tipo di oratoria, non a torto; ed il suo sano ragionamento sarebbe davvero utile, se non fosse oggi impegnato in quelle verminose questioni, per usare le parole di Verulamio[162] [163].

Anche per Gennaro il porto, dove si sarebbe trovato sicuro rifugio, era quello offerto dalla filosofia platonica, *in*

---

[161] Sono le parole stesse del padre, nel l.c.

[162] Tutto quello che segue nel ms. è di mano del Villarosa.

[163] ["Epicurus, etsi eum in sapientum numero censeo, nuda ac simplici rerum expositione contentus dimittebat. Pyrrhon vero quas in hoc opere partes habere potuisset, cui judices esset, apud quos verba faciat, reum pro quo loquatur, Senatum, in quo sit dicenda sententia, non liquebat. Zenonem utpote ab hoc, quem instituimus, Oratore abhorrentem puto ejiciendum: namcum illud in votum habuisset suum sapientem liberum ac beatum esse, atque eos, qui sapientes non sint, servos, hostes, insanos, absurdum sane fuisset concionem ei aut senatum, aut ullum hominum coetum committere, cui nemo illorum qui adsunt,sanus, nemo civis, nemo liber videatur. Accedit etiam quod nimia subtilitatis affectatione quidquid erat in oratione generosius frangebat, concidebatque. Quare factum est ut Stoici, qui fere omnes prudentissimi in disserendo, traducti a disputando in dicendum steriles et inopes reperti sint. Aristoteles studiose quodam oratorio non immerito laetat, et sano ejus disserendi ratio utilis quidem esset, nisi hodie in vermiculatis illis questionibus, verbis utar Verulamii, versaretur"].

qua disserendi ratio conjungitur cum suavitate e et copia dicendi:
e della quale Gennaro si compiace specialmente di
ricordare la dialettica, come mirabilmente atta ad acuire le
menti con quel suo procedere *quo adolescentes ex seipsis vera
invertire conarentur*, secondo il principio socratico: *neque
scientias, neque virtutes doceri, sed auditorum mentibus atque
animis educi*[164]. Pensieri e ricordi in tutto degni del padre.

Nel dicembre dell'anno innanzi, Carlo di Borbone
aveva istituita l'Accademia ercolanese. E Gennaro, sulla
fine del suo discorso, incitando i giovani agli studi, non
tralascia di richiamare alla loro mente i premi che meritava
ai dotti l'ottimo principe: il quale

"Con tanta cura e diligenza ha recentemente scelto gli uomini più
dotti da tutta la città, e ha stabilito una nuova Accademia per
ripulire il sito coperto di quelle rovine di veneranda antichità, da
cui sono continuamente scavate dalla ripida Ercolano, affinché,
portato alla luce, dovrebbero rimanere nelle stesse tenebre con
cui hanno languito circondate dall'intervallo di tanti secoli"[165].

Di Carlo Borbone, in verità, Gennaro non aveva che
a lodarsi; e non si lasciò sfuggire occasione di tesserne le
lodi. Quando, nel 1759, si seppe in Napoli che Carlo sarebbe
passato al trono di Spagna, egli ebbe occasione di scrivere
la seguente lettera , che credo indirizzata a quel padre don

---

[164] [né conoscenza né virtù da insegnare, ma da allevare nelle menti e nelle
anime degli ascoltatori]. Qui Gennaro confonde il metodo socratico con la
dialettica platonica. Ma, raccomandando lo studio della filosofia platonica,
egli pensa ai *Dialoghi* di Platone.

[165] ["tanta cura et sedulitate doctissimos ex universa civitate viros nuper delegit,
novamque Academiam constituit ad situm illis venerandae antiquitatis
ruderibus obductum detergendum quae ex obrupto Herculano continue
eruuntur, ne in lucem prolata in iisdem tenebris maneant quibus tot
saeculorum intervallo circumfusa jacurrunt"].

Giuseppe Bolaños (o Buraños), arcivescovo di Nisibe, che fu confessore di re Carlo[166].

Gennaro Vico, donde mi è stato dato un certo destino, per conoscerti, o uomo molto ampio, una volta hai acceso un fuoco nel mio cuore, con quale accordo con la gentilezza con cui sei sempre solito ricevermi. Ho risposto che quando finalmente mi hai dato una prova maggiore della tua bontà verso di me, mi hai fatto dono di un piccolo regalo, che hai (sic) pagato da te. Ma il frutto più grande, che ognuno può raccoglierne per la sua salvezza eterna; poiché più costosi sono i profumi, più stretti sono i vasi contenuti; che non smetto di frequentare ogni giorno con grandissimo beneficio. Perché da ciò mi è facile intendere che fu fatto con ottimo e più saggio disegno, consegnare a te il nostro re Carlo, uomo dotato delle più religiose maniere, affinché ricevesse da te, quasi dal culla, la vera pietà, i precetti più solidi della nostra religione, e la disciplina di tutte le virtù cristiane[167]; sicché non sarebbe da meravigliarsi se presso tutte le nazioni si tenesse un vero esemplare del Principe cristiano. Con quali parole, e con quali lodi, tu che ne hai avuto tanta cura e ti sei sforzato di confermare il suo carattere altrimenti eccellente alla vera immagine dei principi cristiani, affinché lo godiamo come se fosse stato mandato dal cielo (sic)?[168] Ma cosa dico ora? Dove va la mente? Per noi è tanto più dolorosamente assente,

---

[166] Schipa, *Carlo di Borbone*, p. 464 n. e il *Catalogo de' capp. magg. e de' confessori delle persone reali* [del P. Luigi Guarini], Napoli, Coda, 1819, p. 128. — La data della lettera risulta in modo certo dal contenuto. — Nella "Pianta della Famiglia della Regina (Maria Amalia)" del febbr. 1738 (in Schipa, *o. c.*, p. 260), è dato come confessore (della regina) il frate Giuseppe da Madrid, "teologo e predicatore del re". Era egli il Bolaños? A lui potrebbe essere scritta questa lettera del Vico.

[167] Sulla religiosità di Carlo vedi l'*Elogio estemporaneo per la gloriosa memoria di Carlo III* (Napoli, Perger, 1789) del march. Franc. D'Onofri, p. XXII sgg.

[168] Ma questa non è che la minuta della lettera.

poiché lo abbiamo visto qui presente con tanta bontà e dolcezza da essere meritatamente considerato il Genitore di tutti. Perché la Spagna, invidiosa di tanta felicità (ahimè, che pensavamo ci fosse stata data in dono, capiamo con dolore che ci è stata prestata!) la ripete ancora, e in qualche modo la rivendica come suo diritto: cioè le vicissitudini delle vicende umane. Infatti, come il mondo sembrava appena sufficiente alla mente di Alessandro Magno, così questo grande potere era circondato dai confini estremamente augusti di questo regno, e altre terre non erano contenute né dai confini dell'Europa né dall'oceano, ma è giusto dire che corsero fino alle mura fiammeggianti del mondo, dove poteva vagare liberamente... E poiché la necessità mi costringe a parlare così, non oso parlare senza profitto. possa egli camminare sulla via della virtù, possa impadronirsi del più potente impero di tutta Europa, e possa riempire il mondo con la gloria del suo nome, traboccante in gran parte alla tua lode, Sommo Principe; questo è tutto ciò che gli chiediamo in tutte le sue preghiere[169], perché lasci con noi uno dei suoi figli più augusti, che possiamo custodire nel nostro seno come sua immagine. che, essendo nato da se stesso, speriamo non sarà dissimile da lui. Lascia che queste siano le prove della mia mente riconoscente e rispettosa.

Arrivederci[170]

---

[169] Questo desiderio non poteva formarsi dopo il 6 ottobre 1759, giorno in cui si celebrò la solenne cessione del trono di Napoli da Carlo a Ferdinando IV. Né gli auguri pel buon viaggio possono essere anteriori al 10 agosto 1759, giorno della morte di Ferdinando VI di Spagna. La lettera, quindi, fu scritta tra l'agosto e l'ottobre 1759.

[170] ["Januarius Vicus

Ex quo mihi sorte quadam datimi est tibi, Vir Amplissime, innotescere, igniculum quondam animo injecisti, quonam pacto ei humanitati, qua me semper excipere soles. responderem cum tandem quo majorem tuae erga me bonevolentiae documentum praeberes, libellum mihi dono dedisti a te elucubratum (*sic*) mole quidem exiguum. Fructu autem, quem ex eo quisque

Questi medesimi sentimenti espresse con maggior larghezza nove anni dopo, nella solenne orazione letta, come già ricordai, nell'università, *Per le nozze di Ferdinando IV con Maria Carolina* (1768), giusto trent'anni dacché il padre vi aveva celebrato con una sua Orazione le nozze di Carlo e di Maria Amalia: giacché Gennaro a magnificare i nuovi destini di Napoli sotto il secondo Borbone, trasse gli auspicii dalla memoria di tutto che di grande e di utile era

pro sua aeterna salute colligere potest, maximum; unguenta enim quo pretiosiora, eo angustioribus vasculis continentur; quem cum maxima utilitate quotidie versare non desino. Ex eo enim facile mihi intelligere datur optimo sane et sapientissimo consilio factum, Carolum Regem nostrum tibi viro religiosissimis moribus praedito tradere, ut ex te pene ab incunabulis veram pietatem, solidiora nostrae religionis praecepta, omniumque Christianarum virtutum disciplinaim acciperet; ut non mirum si apud omnes gentes verum Christiani Principis exemplar habeatur: pro quibus maximis immortalibusque beneficiis qiuis Deo O. M. gratias agere ipiasque habere oportet? Quibus vocibus, quibusque laudibus te efferre, qui tantam ejus curam suscepisti, egregiamque alioquin indolem ad veram Christiani Principia imaginem confermare studuisti, ut eo tamquam coelo demissum (*sic*) perfruamur? At quid nunc dico? Quo animus excurrit? Nobis jam eo aegrius careudum est, quocum hic praesentem usque adhuc vidimus tanta humanitate tantaque mansuetudine ut merito Parens omnium haberetur.

Invida enim tantae felicitati Hispania (eheu, quem dono datum nobis putabamus, commodatum aegre intelligimus!) rursus repetit, et suo jure quodammodo sibi vindicat: ea est rerum humanarum vicissitudo. Verum enimvero ut Magni Alexandri animo terrarum orbis vix sufficere videbatur, ita haec tanta virtus nimis augustis hujus regni finibus circumsepta, alias terras nec Europae terminis, nec Oceano contentas, sed fas sit dicere, ad flammantia moenia mundi usque procurrentes exposcebat, quo libere spatiari posset. Quoniamque necessitas ita proloqui cogit, nec sine lucri mis proferre audeo. grassetur in via virtutis, capessat potentissimum universae Europae imperium, et impleat Orbem gloria nominis sui magna ex parte in tuam laudem, Praesul Amplissime, redundatura: nos enim conaptissimis votis Ejus ac Regiae Sobolis incolumitatem expetemus, faustissimis ominibus e jus iter hinc prosequemur. Hoc tantum omnibus praecibus ab eo petimus ut aliquem ex suis augustissimis liberis apud nos relinquat, quem tamquam ejus imaginem in sinu foveamus. quem utpote ex se natum, haud sui dissimilem fore speramus. Haec sint grati et observantis animi mei testimonia. Vale."].

stato compiuto dal primo. Sicché una buona parte del discorso è consacrata a re Carlo; e non è uno elogio volgare, ma una breve ed efficace storia in iscorcio del regno di lui, narrata nel più puro latino e in classico stile: e una storia, che, pur compendiosa, non va per le generali, ma, senza colorire, accenna tutte le linee principali, e anche talune secondarie di quel regno, rilevandone ogni carattere; in modo che ne risulta un concetto, se non pieno, abbastanza compiuto di quel periodo cosi importante, della storia napoletana.

Comincia dal rilevare la nota storica fondamentale, della costituzione del regno indipendente, per opera del Borbone:

"Quisnam enim unquam in animum sibi inducere potuisset, Regnum hoc trecentos fere abhinc annos, tot tantasque rerum passum vicissitudines, semper exterarum gentium imperio subjectum, sui tandem juris factum, in annui ditionem perventurum, Neapolitanorumque cervices diuturno externae dominationis servitio suetas suavissimum proprii Principis subituras?"[171].

Quindi, pensando allo contingenze storiche (specialmente al matrimonio di Filippo V con Elisabetta Farnese), a cui si dové la indipendenza del reame di Napoli, non può a meno di rammentare un principio della *Scienza Nuova*, che non direi però da lui esattamente compreso: "*Abeant hinc, et facessant, qui stoltissime putant, humana ratione fieri, quae divino tantum consilio eveniunt, aut fateantur caelesti Nomine rectores terris dari*"![172]

---

[171] *Opusc.*, cit., p. IV.
[172] ["Se ne vadano di qui, e quelli che più stoltamente pensano che le cose

Accenna poscia con tocchi liviani le giovanili imprese militari di Carlo, le sue doti guerresche, l'amore procacciatosi dei soldati, i costumi *castissimi continentissimique Ducis* che erano esempio all'esercito; e la conquista del Regno, la vittoria di Bitonto, e poi il rapido acquisto della Sicilia (*quam tanta celeritate in suam redegit potestatem, ut haud quisquam cursu eam, quam victoria peragraverit*)[173], nonché il trionfale ingresso in Napoli; del quale ricorda la singolare tranquillità con queste efficaci parole: "*Testes denique* Infine, noi stessi siamo i testimoni [della grandezza delle sue gesta], che, come se fossimo seduti a teatro, come se la storia parlasse di altri, e non di noi, abbiamo vissuto i mali e le perdite della guerra, al sicuro e sbadigliando, nel più grande ozio, nel più grande abbondanza di tutte le cose, abbiamo assistito alla furia del furioso Marte"[174].

Menzionata anche la guerra di Velletri, tanto per compiere il ricordo dei fatti militari di Carlo, torna con la memoria al giorno in cui l'infante don Carlos fece la sua prima entrata nella capitale (10 maggio 1734); e ricorda il giubilo della città in quell'occasione[175]. Detto poi delle virtù pubbliche e private del re, accenna le principali riforme da

avvengano per ragione umana avvengano solo per consiglio divino, oppure confessino che i dominatori della terra sono dati dal Nome celeste"].

[173] ["la quale ridusse in suo potere con tanta rapidità, che nessuno la attraversò con più celerità che vittoria"].

[174] ["Testes denique sumus nosmetipsi, qui velut in Theatro sedentes, tamquam de aliis fabula, non de nobis res ageretur, belli malis damnisque expertes, securi et oscitantes, in summo otio, in maxima rerum omnium copia saevientis Martis furorem spectabamus"].

[175] Lo Schipa per la menzione che fa anche lui di quelle feste (*op. cìt* ., p. 125) avrebbe trovato nell'opuscolo del Vico un documento interessante; pp. IX-X. Vedi anche (pp. XV-XVI) il ricordo delle feste di Napoli pel matrimonio di Carlo con Maria Amalia.

lui promosse, a capo delle quali il riordinamento della magistratura, e poi la restituzione della università nel palazzo degli studi, il cui riattamento era stato già celebrato con un'epigrafe da G.B. Vico[176]; infine passa ad enumerare le opere pubbliche, le imprese d'arte e di storia, cui provvide Carlo di Borbone. Questa è la parte più curiosa e caratteristica dell'orazione; e merita d'esser conosciuta. Ecco come accenna alla costruzione del S. Carlo[177]:

Inoltre, perché non si vedesse che si era procurato solo ozio nella virtù, né il popolo rimanesse ignorante dei piaceri più onorevoli, che sono associati alla pace e alla tranquillità nella Repubblica, ben pasciuto, eresse quasi il più magnifico teatro di tutta Europa in un tale lasso di tempo che bastò appena per disegnare l'opera e procurarsi le travi[178].

Dei lavori per la *Strada Nuova* verso Porta del Carmine, eseguiti nel 1749, e del ponte presso al Castello del Carmine, pel quale fu composta un'iscrizione dal

---

[176] *"Inter precipua pacis ornamenta, quae jam animo voluta-verat, nihil ei antiquius visum (utpote non ignaro bonarum artium disciplinas rerum humanarum esse moderatrices) quam Musis regno suo quasi expulsis. nulla certa stabilique sede errabundis. vixque precario hospitio* [a S. Domenico] *exceptis, pristinum domicilium nitidius elegantiusque restituere".* (pp. XVI-XVII). Per la parte di G. B. Vico nel ripristino dell'università nel palazzo degli Studi vedi l'importante articolo di Giuseppe Ceci, *Il Palazzo degli Studi*, nella *Napoli nobilissima*, vol. XIII, 1904, pp. 182-3.

[177] Vedi in proposito, D'Onofri, *Elogio*, p. CXXX, Croce, *I teatri di Napoli*, p. 222 sgg., Schipa, *op. cit.*, p. 221.

[178] ["Praeterea ne videretur otium in virtute partum sibi tantum comparasse. neve populus expers esset. honestissimarum voluptatum, quae pacis et tranquillitatis sociae in Rep. aluntur bene constituta, Theatrum totius ferme Europae magnificentissimum tanto temporis spatio excitavit, quantum vix ad opus designandum tignumque comparandum satis esset"].

Mazzocchi[179], Gennaro dice:

Che dire del fatto che il mare, proibito dalle mura, alle quali era radente, veniva lastricato per comodità de' cittadini, e l'ornamento della città era la pubblica via, che tra il mare e il mare, continuata da ponti, e che un tempo era adatta a barche e zattere, era ora resa accessibile a carri e cavalli? Avendo sperimentato prima i remi, ora le ruote vi cigolano, e io non sono solamente in grado di camminare sicuro tra le onde sotterranee, ma vedo che vi posso perfino guidare un carro? Qual è l'effetto, se non di permettere il passaggio dei cittadini e il porto più sicuro per la ritirata delle navi, cose che prima ci mancavano?[180]

E della istituzione del Real Albergo dei poveri, cominciata nel 1751[181]:

Dopo aver drenato le sentine della città, fu iniziata l'erezione di un grandissimo alloggio per gli indigenti, verso le condutture del quale i rifiuti della gente comune avrebbero potuto essere incanalati, per timore che fossero un fastidio per noi e un disonore per lo Stato[182].

---

[179] Cfr. D'Onofri. *El.*, p. CXVI.

[180] ["Quid dicam prohibitum a muris, quo autem alluebat, mare, strata civium commoditati, urbisque ornamento publica via, quaque mari intermittit, pontibus continuata, quodque antea cymbis ratibusque aptum, curribus nunc equisque pervium factum esse? Pomoeriumque prius e remis expertum nunc rotas pati, perque subterlabentes undas nedum tuto incedi, sed plaustro etiam duci videmus? Quid jactis molibus super contractummare productae civium inambulationes, et tutissimum navium receptui portum effectum, quo antea carebamus?"].

[181] D'Onofri, p. CVII, cfr. Schipa, *op. cit.*, p. 677.

[182] ["Exhauriendae sentinae Urbis amplissimum Ptochotrophium coeptum, quo compellerentur imae plebis purgamenta, ne nobis molestiae, et civitati dehonestamento essent"].

E delle ville acquistate e abbellite da Carlo[183]:

Perché sono tanti i paesi costruiti a somiglianza di una città, i bastioni di Bacco, Flora e Pomona, così mirabili per grandezza, eleganza e bellezza, che osiamo competere con gli stessi Romani per la grandezza delle opere?[184].

E della cascata di Caserta:

Inoltre, come se non ti bastassero le terre e i mari, correndo attraverso l'aere, osò tentare il cielo stesso. Chi ha mai sentito parlare di fiumi volanti che volano nell'aria per loro natura? Ha spianato i crinali più alti, spianato le valli più profonde, trafitto le montagne, ha portato i fiumi più lontano e li ha portati sulle alte altezze della Villa Reale. Sebbene la grandezza di Roma si vantasse delle sue opere colossali, dei suoi templi, teatri, basiliche, e insomma delle sue città, veramente grandi e mirabili, le cui rovine ancor oggi stupiscono gli animi di tutti, tuttavia non ha sorpassato la natura delle cose, ma per invertire l'ordine delle cose, per mettere a tacere la forza della natura, affinché il cielo stesso non sia costretto a concederci un piano[185].

---

[183] D'Onofri, CXXXVIII, e Schipa, p. 287 sg.

[184] ["*Quid tot villas ad urbiurn instar aedificatas, Bacchi, Florae, Pomonaeque certamina, amplitudine, eleganti, amoenitate adeo admirabiles, ut cum Romanis ipsis de operaia magnitudine jure contendere audeamus*"].

[185] ["*Praeterea quasi terrae ac maria tibi satis non essent, per vetitum ruens, coelum ipsum tentare ausus est. Quis unquam fando audivit per aërem volitantia sua natura reptantia flumina? Altissimi jugis profundissimae aequatae valles, perfossi montes, amnisque longissime arcessitus, ac Regiae Villae sublimis invectus. Jactet, quamvis Romana magnitudo sua immania opera, templa, theatra, basilicas, villas denique suas, magna quidem admirandaque, quorum rudera adhuc extantia animos omnium stupore defigunt, rerum tamen naturam non est supergressa; at rerum ordinem invertere, naturae vim tacere, ni caelum ipsum moliri nobis concedere cogatur*"].

E gli arazzi di Parma [186] e le porcellane di Capodimonte[187] famose; Gennaro ha un accenno anche per essi:

Che dirò delle arti scoperte, o introdotte, o perfezionate? Non sappiamo che le vicissitudini attaliche e tutto il resto furono deliberatamente tralasciate da lui? sappiamo che la ceramica fu da lui istituita, e che i poeti mirrini erano tanto perfezionati con la massima diligenza, da poter facilmente competere con i Cinesi e i Sassoni, che prima erano paragonati a prezzi così alti, in leggerezza, candore e chiarezza?[188]

Degli scavi di Ercolano Gennaro, eccitato dall'estro oratorio, afferma che la gloria di averla scoperta non fu per Carlo maggiore che non fosse per la città essere scoperta da Carlo; e che certo essa aveva desiderato di starsene 17 secoli sotterra per aspettare Carlo:

La natura si propone anche di investigare le cose nascoste e nascoste, e di investigarle con la massima curiosità; e la Fortuna era tanto lontana dall'ardire, che scavando nelle viscere della terra, rivelò Ercolano, coperta dal fuoco del Vesuvio, ch'essa scelse di giacere sepolta sì a lungo, forse, per essere scoperta dal Gloriosissimo dei re, per timore di ricevere la gloria della luce prodotta dal principe meno di quanto potrebbe sembrare

---

[186] Cfr. Schipa, *op. cit.*, p. 286.

[187] Vedi D'Onofri, p. CXX, e L. De La Valle, *La r. fabbrica di porcellane, in Capodimonte durante il regno di Carlo Borbone*, e *La r. fab. di porc. in Napoli durante il regno di Ferd. IV*, in *Nap. nobiliss.*, III (1894). pp. 131-8, 182-187.

[188] ["*Quid de artibus aut inventis, aut advectis, aut perfectis dicam? Nonne, ut Attalica peripetasmata et cetera cuncta consulto praeteream, scimus figulinam ab eo institutam, summoque studio Myrrhina poetila perfecta adeo, ut levitate, candore, perspicuitate, cum Sinensibus, Saxonicisque, quae tanto pretio antea comparabantur, facile contenderent?*"].

attribuire alla bellezza della sua fortuna[189].

Poi, com'era da aspettarsi, vien la volta dell'Accademia, e in fine anche del Museo ercolanese: "a tutte le nazioni, per non parlare di coloro che sono interessati a queste cose, come un miracolo dell'antichità da guardare e contemplare".[190]

E Pompei? Perché Carlo non s'è accinto anche agli scavi di Pompei? "Penso che forse accadde — vi risponde Gennaro con classica reminiscenza, che poteva anche essere sprone ed ammonimento, — che egli lasciasse la questione della sua gloria, di cui si era già procurata la più grande parte, a suo figlio Ferdinando, nostro re amatissimo".[191]

Che più? Ne anche l'Ordine di S. Gennaro, istituito dal Borbone nel 1738[192], è dimenticato:

Finalmente, passata la smania e ripagato dai pericoli coraggiosamente intrapresi, istituì il più vasto Ordine del Divino Gennaro, il più alto premio per le opere meritorie.[193].

Dopo quello di Carlo viene, naturalmente, l'elogio di Ferdinando.

---

[189] ["*Res natura occultas et latentes indagare quoque, et inquirere curiosissime aggreditur; ausisque adeo affuit Fortuna, ut terrae visceria rimando, Herculanum Vesuvii incendio haustum patefecerit, quod tamdiu fortasse obrutum jacere optavit, ut a regum Clarissimo detegeretur, ne prolatum minus a Principis gloria lucis acciperet, quam decoris ejus fortunae tribuere videretur*"].

[190] ["*cunctis gentibus, nedum earum rerum studiosis, tamquam antiquitatis miraculum spectandum contemplandumque*"].

[191] ["*Fortasse factum puto ut ejus gloriae, quam maximam jam sibi comparaverat, materiam Ferdinando filio, regi nostro amabilissimo, relinqueret*"].

[192] Vedi Schipa, *op. cit.*, p. 325 e D'Onofri, p. CCXXXIV.

[193] ["*Postremo quo mania bene obitu, pericula fortiter suscepta rependeret, Amplissimum Divi Januarii Ordinem instituit, rnaximorum praemium meritorum*"]. Per tutti questi passi che ho citati, vedi *In regiis*, pp XVI-XX.

È vero che per costui almeno si sarebbe dovuto attendere. E infatti, Gennaro dapprima preferisce insistere sull'esempio da imitare che Carlo aveva lasciato al figlio. Ma poi s'interrompe: "*Ma dove vado a parare? Le forti aquile non generano mai una degenere colomba*"![194] E si rivolge allo stesso Ferdinando con parole affettuose:

Pensa che non sei un nuovo arrivato per noi, ma che sei nativo: non trasferirò ciò che è stato acquisito all'estero, ma che è nato qui, non ad altri, ma a noi; per tenerti insieme a noi presso le stesse mura; avere in comune con noi la stessa patria, gli Dèi; imbevuto dei nostri costumi e delle nostre istituzioni; e così essere nostro concittadino,[195] etc.

Si ricordi, Ferdinando aveva allora 17 anni, ma come si vede, s'avviava a diventare il *Re Lazzarone*! Di Maria Carolina è lodata la bellezza, la serenità della fronte, la tranquillità dell'aspetto, la grazia, il sorriso.

Perché tacito è il fascino in lei, quello del viso, della bocca, come sbatte le palpebre, e che in un certo modo ne accresce la bellezza, in cui gli incantesimi, appollaiati come su tre torri, sembrano vegliare, per attirare i cuori di tutti coloro che ti guardano[196].

---

[194] ["*At quorsum abeo? Fortes degenerem numquam gignunt Aquilae columbam*"].

[195] Pagg. XXIX-XXX. ["*Cogita, Te non advenam, sed indigenam esse: non traducem peregre accersitum, sed heic satum non aliis, at nobis autem natum esse: easdein nobiscum auras spirare coepisse: eodem caelo tectum; eadem moenia suo te complexu nobiscum continere; idem solum, patriam, patrios Divos communes habere nobiscum; nostris moribus, institutisque imbutum; atque adeo civem nostrum esse*"].

[196] Pag. XLII. ["*Tacitus enim ei inest lepos. qui vultus, oris. oculorum alit augetque quodammodo venustatem, in quibus charites, tribus velut arcibus insidentes, excubare videntur, ad omnium animos te intuentium alliciendos*"].

Che avrà detto il buon Gennaro de' suoi amabili principi nel '99, quando gl'impiccarono anche il suo Falconieri? In quell'occasione delle nozze di Ferdinando, compose anche quest'iscrizione, che forse fu apposta alla porta dell'università il giorno stesso, in cui fu letta l'orazione:

A Carlo III di Borbone - il più potente re di Spagna - sempre Augusto - con il plauso comune di tutti – per il fermo – ed auspicatissimo – matrimonio - di Ferdinando IV e Maria Carolina d'Austria - per la felicità dei Napoletani – e di lui stesso, il Dio delle Muse, Apollo - dalle sue aule risonanti - felici presagi del futuro - cantando - come se vi fosse la presenza stessa del Dio – che per un favore così grande aumenterebbe il numero dei cieli - ha risposto alle suppliche, predisponendo i pulvinari[197].

Del re Carlo, quando morì (14 dicembre 1788) non so se Gennaro Vico abbia avuto l'incarico di leggere l'elogio. Tra le sue carte non ci resta che il frammento di una minuta di un'orazione in lode di questo re. Ma sono a stampa le quattro iscrizioni latine da lui composte pel funerale celebrato a Carlo III dalla R. Compagnia de' Bianchi[198], il 12 febbraio 1789. L'ultima di queste dice:

Se comincerete ad essere invocati con le vostre preghiere –

---

[197] [*"Carolo III Borbonio – Hispaniarum Regi Potentissimo – semper Augusto – in communi omnium plausu – pro firmata – auspicatissimis – Ferdinando IV et Mariae Carolinae Austriae – nuptiis – Neapolitanarum felicitate – vel ipse Musarum Numen Apollo – e suis excitus adytis – Laeta omina futura – canens – tamquam praesentissimo Numini – pro tanto beneficio aucturo Coelitum Numerum – supplicationes, ac pulvinaria decernendo – respondit"*].

[198] *Solennità funebre all'eterna memoria di Carlo III, celebrata nella Real Compagnia de' Bianchi della Carità sotto l'Invocazione di S. Sofia e Capuano di Napoli* [s. a.]. In questo opuscolo, dopo descritto il mausoleo, è detto: "Vi si leggevano delle nobili Iscrizioni composte dal regio prof. della Università d. Gennaro Vico" (p. 3). L'elogio fu recitato dal sac. d. Bartolomeo De Cesare, professore di S. Teologia.

presso le orecchie di Dio inclinate - se vorrete - per quelle cause - nelle quali ci avete ricevuto - con fede - ve ne preghiamo a lungo - come Ferdinando e Maria Carolina – Nostri Signori i figli dell'Augusta - sempre più propiziatamente presenti - quando - nella loro sicurezza - sono racchiuse la nostra stessa sicurezza e la nostra felicità.[199].

Gennaro Vico non fu regio istoriografo come il padre: ma, fosse obbligo, in certo modo, della sua cattedra di rettorica, fosse gratitudine per i benefici ricevuti dalla dinastia de' Borboni, fu quasi regio panegirista ed epigrafista. Così nel 1781, quando tutta Napoli si profuse in dimostrazioni di lutto per la morte di Maria Teresa (cessata di vivere il 27 nov. 1780[200]), Gennaro dié anche lui in luce un *Elogio* dell'imperatrice, che non risulta scritto per alcun incarico ufficiale[201]. Ma il suo genere era l'epigrafe, in cui gareggiava col collega, professore di lingua latina e antichità romane, don Emanuele Campolongo, le cui iscrizioni furono raccolte in due volumi, intitolati *Sepulcretum amicabile* (1781-1782). Infatti, quando il 28 giugno 1790 furono celebrati i funerali d'un professore dell'università, il valente naturalista Gaetano De Bottis, le iscrizioni attorno al mausoleo furono composte dal Campolongo, e una, la più importante, da collocare sotto il ritratto dell'estinto, fu scritta dal Vico: "che in tal genere —

---

[199] [*Si tuis precibus – pronae Dei aures – si vatis invocari incipis – pro ea – in quam nos recepisti – fide – te prolixe obsecramus – ut Ferdinando et Mariae Carolinae – DD. NN. Augustaeque proli – semper propitius adsis – cum – in eorum incolumitate – securitas et felicitas nostra contineantur*].

[200] Vedi le due raccolte miscellanee di prose e versi in morte di Maria Teresa nella Bibl. naz. di Napoli ai segni 156, L, 3 e 155, K, 16. Vi è anche un'orazione del sac. Marcello Eus. Scotti pei funerali celebrati in Procida il 19 febb. 1781: Napoli. Stamp. Simoniana, s. a. Anche un martire del '99!

[201] *Elogium Mariae Teresae Angustae a Januario Vico inscriptum*; Neapoli, ex typ. Bernardi Perger Vindobonensis [s. a.], di pp. 7 più l'in-4. Stampa di lusso.

dice il narratore di quei funerali — han presso di noi raggiunto lo schietto ed aureo genio dell'antichità"[202].

Tra le carte di Gennaro sono quattro abbozzi d'una epigrafe per una principessina reale, morta nel luglio 1783. L'ultimo, al quale pare che l'autore si fermasse, è questo:

Infanta Reale – di Ferd. IV e Maria Carolina d'Austria - la figliuola più infelice - come se avesse poco di tutto - di natura e somma Fortuna - da essere espulsa dalle cose buone - alla luce dei due mondi - priva financo di un nome, anch'esso proibito nel colombario della sua famiglia - nata solo per questo - perché fosse la reietta di tutti - è qui sepolta[203].

Nel 1787 morì, ancora in fasce, un altro figliuolo della fecondissima Maria (Carolina, e Gennaro scrisse quest'altra epigrafe:

Salve a te, piccola anima innocentissima – figlia di Carlo - la più dolce - la casa reale d'Augusta - né prima e neppure la quarta speranza - Ferdinando IV e Maria Carolina d'Austria - i più dolenti genitori – strappata che fosti dal loro seno e lasciati doloranti – mutarono nel funerale più amaro - il desiderio più amaro lasciato da tutti - vissuta per 3 anni e 11 mesi e 13 giorni - Accolta in Cielo il 16° giorno dalle Calende di Gennaio del 1788[204].

---

[202] Solenne funerale di D. Get. De Bottis prof. Etc. etc. celebrato nella Torre del Greco sua patria, Napoli, MDCCXC, Stamp. Migliaccio, p. 6. L' epigrafe di G. Vico - che contiene tutta la biografia del morto — è a p. 7. V'è anche (pp. 34-39) una canzone dell'ab. don Antonio Jerocades.

[203] ["*Regia Infantula – Ferd. IV et Mariae Carolinae Austriae – filia infelicissima – quasi esset parum ab omnibus – naturae et summae Fortunae – bonis ejici – luce orba utraque – carens nomine a suorum columbario etiam prohibita – ad hoc tantum nata – ut omnium expers esset – heic condita*"]. A questo verso nel primo abbozzo segue: *XIV. Kal. Sextil. Anni MDCCLXXXIII*.

[204] Ve n'ha tra le carte di Gennaro anche un'altra bozza. ["*Have Animula innocentissima – Caroli Titi – dulcissima – Augustae Domus Regnique – primula nec dum quadrimula spes – e – Ferdinandi IV et Mariae Carolinae Austriae – moerentissimorum Parentum – sinu et complexu – acerbissimo*

Dai funerali alle nozze. In occasione del matrimonio di Francesco Borbone — il mancato discepolo di Gennaro Vico — con Maria Clementina d'Austria, i fratelli Terres presentarono ai principi una tavola di marmo, in cui erano insieme rappresentate le due effigie regali; e chi vi scrisse la dedica fu Gennaro:

Per il matrimonio faustissimo di Francesco di Borbone e Maria Clementina d'Austria, che è la più dolce speranza, e la tutela della nostra posterità[205], che incontrerà la nostra felicità, che è quasi lo stesso, a chi a noi, prossimi alla fonte di questo lieto evento, annunciasse - tramite questa tavola di marmo, ossia un nuovo tipo di pittura, dedicata all'opera espressa, - in modo che l'unione dei corpi sia presentata in apparenza agli occhi - le stesse menti, con questa incisione nel marmo, possono essere completamente soddisfatte, - F.T. proni e venerabondi per i Nostri Signori Faustissimo.[206]

---

funere erepta — amarissimo cunctis relicto desiderio tui — Vixit annis III. mens. XI. dieb. XIII — Coelo recepta XVI. Kal. Januar. MDCCLXXXVIII"].

[205] Pare si accenni propriamente al 1790, quando si celebrò il matrimonio di Maria Teresa e Luigia Amalia di Borbone con Francesco d'Austria e Ferdinando granduca di Toscana, e si *fermò*, come dice il Colletta (lib. II. c. II, § 34), a Vienna il terzo matrimonio tra le due case di Napoli e di Vienna: questo di Francesco con Maria Clementina.

[206] [*"Francisci Borbonii, et Mariae Clementinae Austriae — conjugio — dulcissimae spei, ac nostrae posteritatis presidio comperientis — nostram felicitatem — ex pene iisdem. quibus ad nos, fontibus ad seipsam promanare — hac marmorea tabula, novo picturae genere, dedita opera expresso, — ut quae corporum conjunctio in speciem oculis subjicitur — eadem animorum, dissecto marmore, penitus inveniatur, - F. T. proni et venerahundi D.D.D."*]. L'anno innanzi, o quell'anno stesso, una tavola simile con l'effigie di S. Domenico fu mandata dai fratelli Terres a Ferdinando duca di Parma. E pel regalo onde il duca compensò i fratelli Terres, Gennaro scrisse la seguente epigrafe, la cui minuta è sul *retro* d'una lett. in data 12 marzo 1789: *Ferdinando — Parmae Piacentiaeque — Duci — Qui — Praeclarum Borbonidarum munificentiae — cum Farnesiorum — in fovendi alendisque pacis artibus — singulari studio fida societale conjunxit — Marmoream tabellam — cum — Divi Dominici — ei praecipuo cultu habiti — effigie — Indelebili quodam picturae genere — marmori coalescente — haud pridem*

Ferdinando IV fa ricostruire un ponte sul Garigliano; e Gennaro detta l'epigrafe che ne serbi il ricordo ai posteri[207]. Nasce a Ferdinando un altro figlio; e il Vico raccoglie in un'epigrafe a S. Gennaro i ringraziamenti del popolo:

Se prima – o San Gennaro - celebravamo per questa occasione - con le sacre fronde dei sacerdoti redenti - una solenne processione - ora, invece - intrisi di solida allegrezza - ti rendiamo

---

invento – atque anaglyptico opere exornatam – Cujus libenter accepta – vel maximum premiuni fuisset – munus munere -sive potius cultum cultu – rependens suam imaginem – maximo aureo numismate – graphice expressam – colendam misit cuius pars aversa – Drammaticae -Poëseos coronatio – ut omnes cognoscerent Parmensem ditionem – Uti pridem, ita modo etiam – Musarum esse domicilium – Atque optimarum artium cultricem – Pro quo summo beneficio – Fratres Terres – Neapoletani Bibliopolae – Proni et venerabundi – cum gratias agunt – tum maximas habent et immortales. ["A Ferdinando - Duca di Parma e di Piacenza - il quale - dei munifici Borboni - coi Farnesi - nel promuovere e favorire le arti della pace - unì con singolare interesse la fedele società - una tavoletta di marmo - con - il Divin Domenico - a lui donata nel culto principale - un'effigie - un tipo di quadro indelebile - fuso nel marmo - ritrovato non molto tempo fa - e ornato da un'opera anaglittica - il cui accetto volentieri - o sarebbe stato il maggior premio - un dono - o meglio un servizio di culto - diffondendo la sua immagine - con una grande medaglia d'oro - espressa graficamente - inviata per essere venerata, il rovescio - il coronamento del Drammatico - Poesie - come far sapere a tutti che il dominio di Parma - Usato molto tempo fa, anche in questo modo - Che è la dimora delle Muse - E la dimora delle migliori arti - Per cui il più grande favore - I Fratelli Terres – della Biblioteca napoletana - Proni e venerabondi - Quando rendono grazie - Hanno sia il più grande che il gli immortali"]. Pare che i Terres stampassero anche un' incisione della medaglia ricevuta, con un'altra iscrizione del Vico che comincia: *"En cur honor alit artes – en eos ingeniorum - en effigies – Parmae et Placentiae Duci"* ["Perché l'onore favorisce le arti – e quelle del genio – e i ritratti – del duca di Parma e Piacenza..."]; e accenna anch'essa alla tavola di S. Domenico *ignoto pingendi genere – et nova diaglyphice – nulla ferri ope – eleganter cromata* ["elegantemente colorata con un tipo di pittura sconosciuto - ed una nuova incisione - senza l'ausilio del ferro"].

[207] Vedi questa e altre epigrafi in Appendice, scelte tra le molte che restano tra le carte di Gennaro, per lo più sepolcrali.

immenso grazie - che - Maria Carolina con la sua felice fecondità - accrebbe Ferdinando - con un'altro dolce presidio - con il quale - la Casa Augustea - insisterebbe per più fortificazioni - e la nostra felicità - sarebbe più fermamente stabilita[208].

Si celebra la solita festa a S. Gennaro, e sono del Vico le quattro iscrizioni che si leggono quel giorno nel Duomo: in una delle quali si prega il santo di voler rappresentare *"nel suo sangue liquefatto Ferdinando e Carolina - Signori Nostri - per tutta la Casata Augusta - perenne salvezza e felicità - e quindi nostra sicurezza*[209].

Con le lodi di Carlo III e di Ferdinando IV si apre anche la *Dissertazione sulla città di Pompei*: del primo per gli scavi di Ercolano e l'Accademia ercolanese, che veniva certo in proposito di ricordare in uno scritto con cui s'inauguravano i lavori della classe d'Alta Antichità nella nuova Accademia: e del secondo pel nuovo impulso dato ai medesimi studi con la nuova istituzione.

Per adempiere — continua l'autore modestissimo — per quanto la scarsezza de' miei talenti e la cortissima estensione delle mie cognizioni mi permettono, l'incarico superiore di gran lunga a me stesso impostomi dalla Sovrana Munificenza, prendo per oggetto delle mie ricerche la Città di Pompei, non già sull' idea di adornar alcuna delle discoperte parti di quel tutto, che ancor giace sepolto; ma di considerarlo al solo lume degli antichi scrittori, e coll'autorità de' Greci e de' Latini, tra i di cui confini

---

[208] ["*Si antea — Dive Januari — hanc — sacerdotum sacra fronde redimitorum — solemnem pompaim — caste celebravimus — nunc vero — solido gaudio perfusi — ingentes tibi gratias agimus — quod — Maria Carolina felice foecunditate — Ferdinandum — alio dulcissimo praesidio auxit — quo — Augusta Domus — pluribus munimentis insisteret — nostraque felicitas — stabilius firmaretur*"].

[209] ["*in suo liquenti cruore Ferdinando et Carolinae — DD. NN. — Totique Domui Augustae — perpetuam incolumitatem felicitatemque — ac proinde nostram securitatemi*"].

alla mia Classe è stato circoscritto il commercio, di tutti il più ricco, e 'l più nobile, perchè di tutto da essi abbiaci ricevuto il sapere; rilevarne, per quanto mi sia possibile, le di lei vicende: né sulla lusinga di produrre cosa nuova in un argomento, il qual solamente è venerabile per la sua antichità : quantunque il raccogliere, disporre e combinar insieme qua' languidi e dispersi barlumi, lasciatici dagli antichi, potrebbe conciliarsi una qualche sembianza di novità, se fossero da più dotta e più maestra mano stati ordinati e composti. Ma sulla speranza che siccome quo' venerabili avanzi di antichità, che da Ercolano si estrassero, furon cagione, che s'istituisse l'Accademia Ercolanense, cosi a vicenda questa real Accademia istituita potesse cominciar li suoi Fasti dall'epoca gloriosissima del risorgimento di Pompei, dopo essere stata per l'immemorabil corso di ben XVII secoli sepolta: poiché.... se que' rottami Ercolanensi svelti ed infranti, rivestiti di si dotta ed erudita luce da tanti chiarissimi ingegni, che vi travagliarono, si son resi non meno ammirabili per il buon lume ricevuto, che per la loro antichità; onde il Musco Ercolanense è divenuto nell'Europa cotanto celebre, che può dirsi essere una delle cagioni del frequente concorso in questa città, por so stessa luminosissima, di tante culte nazioni: quanta, e quanta maggior confluenza ne attirerebbe, se mai potesse vedersi una nobilissima Città, unico esempio nella storia di tutti i tempi, intieramente esposta alla luce del sole, e quindi all'ammirazione dell'universo?

Gli scavi di Pompei, com'è noto, furono intrapresi nell'aprile 1748[210]; ma furono presto interrotti; e s'è visto che Gennaro ne faceva un' eredità di gloria lasciata da re Carlo a Ferdinando. Certo, il nome del figliuolo del Vico va ricordato tra coloro che incitarono efficacemente a quest'opera importantissima. E come già altri ha notato[211],

---

[210] Fiorelli, *Descriz. di Pompei*, Napoli, 1875, p. 22; o *Pomp. antiq. Historia*, Neapoli, 1860, dov'è la storia degli scavi.

[211] Beltrani, *La R. Acc. di Scienze e Belle Lett.*, p. 37. Il lavoro del Vico non è citato,

a torto è dimenticata la sua monografia su Pompei , la cui parte più notevole è, come si disse, riferita dal Napoli-Signorelli nella sua *Storia dell'Accademia delle Scienze e Belle Lettere*; perchè in essa c'è profonda conoscenza e critica acuta delle fonti filologiche.

Chi vorrà studiare il bel tema degli studi d'erudizione antica in Napoli durante il sec. XVIII, non potrà trascurare questo scritto del Vico, e il frammento che ci resta dell'altro su Locri. Ma non è questo il luogo di farne un particolare esame. Ci si vede, per altro, l'erudito, ma non l'antiquario di professione: quindi, rifiutate le leggende, non subentra lo sforzo di spremere dalle scarse testimonianze superstiti quelle che esse non possono darci; e il buon senso mette in guardia contro le sottigliezze e gli artifizi congetturali, che facilmente attraggono lo studioso dell'antichità. Ciò è particolarmente notevole nella relazione sulla memoria del Finamore intorno alle origini di Lanciano; dove, nonostante la "cadente età" e la "languidezza dello spirito", accusate sul principio dall'autore, spunta qua e là anche il bonario sorriso del buon senso contro certi arzigogoli del Finamore, per ottenere che l'Accademia riconoscesse nell'antica Lanciano un municipio anzi che una colonia romana. Dopo un minuto esame delle epigrafi lancianesi mandate dallo stesso Finamore all'Accademia, il buon Vico viene a questa conclusione,
che mi piace riferire:

"Avrei bramato soddisfare il dotto ed erudito sig. Finamore, se li monumenti me ne avessero somministrati i mezzi. Ed in questa

---

nota lo stesso Beltrani, p. 88. nella *Bibliografia di Pompei, Ercolano e Stabia* di Friedrich Furcheim, Napoli, 1901.

occasione sperimento pur troppo vera la natura dell'ambizione, che non respiri!, che non si volta mai indietro, la quale, quantunque vizio, quando però si propone per oggetto la virtù ed il sapere, deve riputarsi ambizione lodevolissitmi: siccome Quintiliano dice *quamquam ipsu sit vitium frequenter tamen causa virtutum est*: e l'ambizioso più si duole di un solo, che abbia innanzi, che l'attraversi il conseguimento del suo fine, che goda di tanti meno felici, che gli vengono appresso, e le passioni più commendabili devono essere regolate sempre da quel *ne quid nimis*; perchè

Virtus est medium vitiorum et utrimque reductum.[212]

Avrebbe desiderato il dotto ed erudito cittadino assiem col suo collega il Sacerdote D. Uomobuono de' Buchachi[213] con cui *est studiorum societate conjunctus*, che Lanciano fosse stato dichiarato municipio, la quale quasi già non lo è, e non si volge dietro a considerare tant'altre città di condizione meno ragguardevole che Lanciano, che lo vengono appresso. Mi lusingava di dover fare da avvocato del sig. Finamore in questa sua onestissima causa, e mio malgrado devo farvi la comparsa da Fiscale, perchè l'autorità e li monumenti l'oppugnauo, e quelli stessi, che egli ha prodotti punto non lo suffragano: ma non per questo può dirsi, che egli abbia intieramente perduta la sua causa: perchè *quod petit intus habet*. Non sente essersi talmente confusi li diritti, e le prerogative de' municipi con quelle delle colonie; e questi in quelli trasfusi in guisa, che gli uni dagli altri non si distinguevano? Non sente da Gellio il nome di municipio già dileguato, *obscuni et obliterata sunt municipiorum jura, quibus uti per innotitiam non queunt*? Non ha inteso, che li Municipi pretesero di cangiar la loro

---

[212] ["La virtù è il mezzo dei vizi ed è ridotta da entrambe le parti"].

[213] È lo stesso Bochache, autore del *Saggio storico-critico della città di Lanciano*, che si conserva ms. nella Bibl. del Ginnasio di Lanciano? Un brano ne pubblicò il prof. L. Gamberale, Notizie sui fatti di Agnone nel 1799 tratte dall'appendice al Saggio etc. Campobasso, Colitti. 1900.

condizione in quella delle colonie e non vede le istesse città essersi appellate colonie e municipi? Non ha inteso li distinti cittadini municipali in sì poco conto presso li Romani? Non conosce quindi, che il tutto si riduce alla distinzione del nome? Perché struggersi per investir la sua patria di un pregio, che in tempo, che valeva, era in sì p oco conto, ed ora si riduce a un nome vano, in guisa che, se allora *municipium* e *colonia* eran riputati lo stesso, ora questo istesso è divenuto un nulla?[214]

In questa dotta relazione dove "l'immortal Muratori" è vichianamente detto, con ammirazione, "ingordo voracissimo rivolgitor di Biblioteche", è pur degna di nota tra l'erudizione archeologica, una digressione filosofica, una "digressione in astratto", come dice l'autore stesso, e che egli chiede di poter fare, giudicandola "non capricciosa, porche avvalorata dall'autorità, se poi applicabile alla nostra ricerca, lo sottopongo al giudizio de'dotti". Da quale autorità fosse avvalorata questa digressione, Gennaro non dice; ma basta sentirne il principio per indovinare l'allusione:

È costante che le lingue sieno le indici, che ci scoprono li costumi delle Nazioni: e perché fide interpreti dell'animo, dovettero nascere aspre, dure, orride, esprimendo la rozzezza e la ferocia delle nazioni, che le parlavano: a misura poi che li costumi a poco a poco s'ingentilirono colle arti dell'umanità, si raddolcirono anche le lingue: del che ce ne somministra una testimonianza la lingua latina, la quale tale la scorgiamo in que' frammenti della

---

[214] Di questa relazione rimane una copia di mano del marchese di Villarosa. Anche all'Accademia credo sia stata letta una breve relazione intorno a certe dissertazioni su Virgilio di A. De. Santis, che resta tra le carte di Gennaro, curioso documento della sua bonarietà, contraria a ogni ipercritica, e un po' anche alla stessa critica.

legge delle XII Tavole; e pure cominciava il quarto secolo della fondazione di Roma: tal dovette essere, e fu la lingua di Lucilio, di Pacuvio, di Livio Andronico, di Ennio e Plauto che ci è restato, e provenne assai più tardi, essendo morto nel consolato di Publio Claudio Pulcro, e di L. Porzio Licinio, cioè nel 570 di Roma, di quante ruvidezze e rancidumi è pieno, come por esempio nel Prologo dell'*Anfitrione*:

Ut vos in vostris voltis mercimoniis
Emundis vendundisque.

Uno scrittore del secolo d'oro avrebbe detto:

Ut vos in vestris vultis mercimoniis
Emendis vendendisque.

["Così come voi, nei vostri affari,
comprate e vendete"]

Or l'istesso dovette accadere in tutte le lingue delle altre nazioni. che a proporzione che colle arti dell'umanità depressa [fu] la ferocia de' costumi, cosi le lingue la loro asprezza, e quel rumoroso strepito di voci [perderono]. L'istesso vediamo esser avvenuto nella ricorsa barbarie in tutti i dialetti della lingua italiana, che fu una corruzione della latina: le lingue le quali ora parliamo quanto sono differenti da quelle ili tre o quattro secoli addietro!

Si ricordi la Degnità XVII della seconda *Scienza Nuova*: "I parlari volgari debbon esser' i testimoni più gravi degli antichi costumi de' popoli, che si celebrarono nel tempo, ridessi si formaron le lingue". Ma tutto il pensiero e le espressioni di questo brano sono di G.B. Vico. Le cui opere Gennaro dové custodire sempre come cosa sacra, e leggere e rileggere, benché non avesse intelletto pari alle speculazioni paterne, ma per compiacersi quasi in ammirar i monumenti della grandezza del padre, alla cui ombra svolgevasi la sua vita tranquilla. Custodiva gelosamente quei libri. Dev'essere un suo parente chi gli scriveva, nel 1789, la seguente lettera:

Casa 27 Luglio 1789

Veneratissimo mio Sig.r D. Gennaro,

Il Sig.r D. Francesco Esperti[215], a che (*sic*) molto devo, desidera la prima edizione della *Scienza Nuova* solamente per incontrare (*sic*) certo passo, e restituircela. Spero dunque che l'abbiate, e mè la favorite, che sarà mia cura di restituirla, e sicuro de' vostri favori resto pieno di stima dicendomi

Vostro divot.mo servitore oblig.mo
Nicolò Santanello[216].

Non pare che egli abbia avuto nessuna parte nel preparar la raccolta delle *Latinæ orationes* del padre, pubblicata nel 1767 da Francesco Daniele[217]. Ma questi dové più tardi rivolgere nell' animo il proposito di raccogliere

---

[215] L'avv. Franc. Sav. Esperti, nipote di mons. Esperti, corrispondente di G. B. Vico. Nel 1792 pubblicò in un opuscoletto la lett. del Vico allo zio, relativa appunto alla 1ª *Scienza Nuova*. Vedi Villarosa, *Opuscoli*, pp. 368-9. e Croce, *Bibliogr.*, p. 22.

[216] Il Villarosa, *Opuscoli*, III, pag. V, parla della "casa de'signori Santanello, ultimi eredi del Vico, sita nella strada dei Mannesi"e dice che in essa conservavasi il ritratto di G. B. Vico dipinto dal Solimena, che fu distrutto con la casa stessa da un incendio intorno al 1819 (v. anche Croce, *Bibl.*, p. 116). Un Santanello forse sarà stato marito a una delle figliuole del Vico.

[217] Nella dedica del libro al Targiani, il Daniele dice d'aver raccolto da sé e da molto tempo quelle orazioni. Cfr. Croce, *Bibl.*, p. 30.

tutti gli scritti sparsi del Vico. E allora certo dové far capo a Gennaro[218]. Ma il Daniele in fine non ne fece nulla; e Gennaro per un momento poté sperare di far lui la desiderata edizione delle opere paterne. È ormai nota la minuta della prefazione[219] che egli già riceva preparata pel primo volume, che avrebbe dovuto contenere la *Scienza Nuova* del 1744.

Alla fine mi comportavo ugualmente con i tanti molestatori, con i tanti calunniatori, che mi rimproveravano come se avessi poco da fare, da cui ogni giorno ero assalito e come assediato; alla fine smetto di chiedermelo, e malvolentieri di negare, poiché non fu

---

[218] Nel 1804 faceva ricerca di scritti del Vico e di sue lettere, scrivendone ad amici a Roma e altrove. Il Croce (*Bibl.*. p. 30) ha richiamato l'attenzione su due lettere del card. Borgia (del 1804) al Daniele, che sono nel carteggio inedito di costui, conservato dalla Soc. napol. di storia patria. Importante è anche il seguente brano d'una lettera allo stesso Daniele, scritta da Jacopo Morelli (l'erudito bibliotecario veneziano, a cui il Villarosa dedicò il I vol. degli *Opuscoli*) da Venezia 11 febbraio 1804: "Ho fatto ricerche per le Lettere del Vico richieste, e nulla si è trovato. Per quelle all'Ab. Conti ho fatto esaminare le casse di lui, già possedute in Padova dal Professore Toaldo, ed ora dal Cheminello. Per quelle al Lodoli non vi sono ricerche da fare, essendo perite le casse di lui in uno dei Pubblici Archivii, dove erano trasportate dopo la morte di lui. perchè vi si trovavano scritture di affari di stato mescolate, e si fece un'asporto (*sic*) totale senza discrezione. Per quelle al Porcia ho fatto cercare in Udine presso li discendenti del corrispondente col Vico, e nulla si è trovato. Sicché null'altro mi resta da fare". (*Carteggio di F. Daniele*, vol. III, c. 306: Soc. nap. di storia patria).
Le relazioni del Vico coll'ab. Conti e col Lodoli il Daniele non poté conoscerle se non dalle aggiunte, allora inedite, alla *Vita* del Vico, che erano presso Gennaro, se già questi non le aveva date al march, di Villarosa. A quell'anno, infatti, devono pur risalire le avvertenze del Daniele comunicate al Villarosa per una ristampa della *Vita* del Vico (cfr. Croce, *Bibl.*, p. 110); dalle quali apparisce e la conoscenza delle carte vichinane possedute da Gennaro Vico, e la familiarità del Daniele con quest'ultimo, già decrepito. Potrebbe anche pensarsi che queste ricerche pel Borgia e pel Morelli si cominciasse a farle per compiacere al "marchesino" Villarosa.
[219] Fu pubblicata dal Croce, *Bibl.*, pp. 112-113.

la mia volontà, ma le mie ragioni, che mi impedirono di intraprendere l'impresa. Assolvo la mia fede, affidata a un garante sufficientemente ricco, l'onorevole Michele Stasio napoletano, che si è assunto l'onere: finalmente tutte le opere di mio Padre (che pur avendo ottenuto lo stesso ordine di ufficio, avrei voluto che avessi compiuto lo stesso grado di dignità!) tutte le opere, (...) riunite in un solo corpo, vengono alla luce[220].

Accennando alla diuturna meditazione in cui s'era maturata la *Scienza Nuova*, Gennaro dice che è questa la ragione principale della pretesa oscurità trovata in quell'opera da taluni, *i quali, per timore di essere del gregge della moltitudine ignorante, che ammira di più ciò che comprende di meno, condannano del tutto ciò che non comprendono*[221].

Aliud est, dice Gennaro, e nelle sue parole bisogna vedere un pochino lo stato d'animo di lui stesso quando leggeva la *Scienza Nuova*: — *aliud est dicere, non intelligo, aliud, non intelligitur*:

ciò è piuttosto da attribuire al pudore, e alla propria coscienza; ma questa è un'indicazione della massima arroganza. che è la prova più forte dell'ignoranza supina; perché cos'altro c'è se non esaltare se stessi al di sopra di tutto ed esigere che ciò che non si comprende non possa essere compreso da nessuno? Perché i veri

---

[220] [*"Tandem tot flagitatoribus, tot obrectatoribus mihi tanquam parum officioso exprobantibus morem gero, a quibus quasi obsessus quotidie oppugnabar; tandem rogari, atque invitus negare desino, cum non mea me voluntas, sed rationes meae ab incepto prohiberent: fidem meam absolvo, dato fideiussore satis superque locuplete, honestissimo Neapolitano Michaele Stasio, qui onus in se suscepit: tandem Patris mei (cuius etsi eundem muneris ordinem adeptus, utinam eodem dignitatis gradu explessem!) opera omnia, (...) in unum corpus collecta, in lucem prodeunt"*].

[221] [*"qui ne de grege imperitae multitudinis habeantur, quae ea magis admiratur quae minus intelligit, prorsus damnant quod non intelligunt"*].

dotti sanno quanto mancano[222].

Non credo poi Gennaro tanto modesto da non credersi uno di questi vere *docti*! Egli ben sentiva per sua esperienza che la *Scienza Nuova*

Non è di quella tipologia di libri, che obbediscono alle comodità del secolo, che si raccolgono nelle mani in pile pesanti, mentre si è sdraiati nel letto, supini e sbadiglianti, o per la grazia di perdere tempo o conquistare il sonno, in cui tutto è esposto agli occhi di tutti. Se lo rileggi, rileggilo allo stesso modo, in modo da preparare la tua mente a leggerlo una terza volta; ma l'oro, nascosto e nascosto dalla natura, deve essere rivelato e sanguinato cercando nelle viscere della terra in cui giace.[223]

Oh, l'animo intento e la commozione di Gennaro, quando rileggeva per la ventesima o trentesima volta (non aveva letto 35 volte il suo Tacito il padre, scoprendovi sempre qualche cosa di nuovo?) la maggiore opera paterna, con la testa tra le mani, e la memoria che correva indietro a rivedere il vecchio Giambattista, muto, trasognato, immemore di se medesimo, in un angolo tristo della casa, dove Gennaro rimase! E qual dolore non dové essere per questo che l'edizione non si facesse più. Negli anni più tardi

---

[222] [*"illud modestiae, et suae cuiusque conscientiae potius tribuendum; hoc autem summae arrogantiae indicium. quod firmissimum supinae ignorantiae argumentum; nam quid est aliud, quam se supra omnes extollere ac postulare, quod ipse non intelligit, a nemine intelligi posse? Nam vere docti quantum sibi desit, sciunt"*].

[223] [*"non est ex eo librorum genere, sseculi commoditati obsecundantium, quos sagina graves, in lecto strati, supini et oscitantes, aut fallendi temporis aut somni conciliandi gratia in manus sumuntur, in quibus omnia extant omnium oculis exposita. Si iterum legas, leges eundem, ut animum despondens tertio legendi; aurum autem natura occultum et latens, indagatione ex terrae visceribus, in quibus jacet, patefaciendum cruendumque"*].

vi fu chi gli rifece nascere la speranza di veder ristampati in un corpo gli scritti paterni. Sollecitava l'edizione un giovane di grande ingegno, che studiava profondamente Vico ed era capace d'intenderlo. A Gennaro forse fu presentato dal suo sostituto Ignazio Falconieri, che con quel giovane aveva dimestichezza, e doveva di lì a poco metterlo a grave repentaglio, traendolo seco come segretario nell'organizzazione repubblicana d'un dipartimento della repubblica del '99. Questo giovane era Vincenzo Cuoco; il quale però, pochi anni più tardi, nel 1804, scrivendo da Milano all'ideologo De Gerando, ricordava:

Una buona edizione di Vico (...) forse si sarebbe fatta in Napoli, ed eransi a tal fine preparati molti materiali. Si era invitato il figlio, allora ancor vivo[224], a somministrare i manoscritti del padre. Si eran raccolte molte cose ancor inedite. Una parte di ciò che erasi preparato trovavasi in casa mia; un' altra in casa di quel mio amico che voleva far l'edizione: ed ambedue le case furono nel saccheggio Anglo-Russo-Turco-Napolotano saccheggiate. Ed addio edizione di Vico[225].

Intorno al 1804, infine, per lo stesso motivo, Gennaro vecchissimo fu visitato dal marchese Villarosa. Il quale nella prefazione al primo volume degli Opuscoli[226], non pubblicato però prima del 1818, quando Gennaro era morto da tredici anni, racconta che nell'accingersi alla sua raccolta, si diresse al figlio di Gio. Battista, Gennaro Vico, uomo di antichi costumi, "per informarlo del suo proposito e pregarlo che volesse fargli dono di quegli opuscoli del

---

[224] Al Cuoco, da 5 anni lontano da Napoli, pareva impossibile che il vecchio Gennaro vivesse tuttavia!

[225] Ruggieri, *V. Cuoco*, cit., pp. 191-2.

[226] *Opusc.*, I, XIV-XV.

padre che aveva presso di sé. Il buon vecchio gravato dagli anni, e più da' malori, quasi pianse della letizia per un tale avviso E gli diede infatti i pochi manoscritti rimastigli, e un abbozzo delle aggiunte alla *Vita* pubblicata dal Calogerà. Anche i libri del padre a uno a uno gli erano stati portati via dagli amici; ma conservava "un Tacito tutto dal padre nel margine postillato e qualche altro latino libro". Qualche ferro, insomma, del mestiere!

Giacché anche gli storici il professore di rettorica doveva leggere e illustrare. Delle origini di questa cattedra si sa poco, come in generale, delle origini di tutti gl'insegnameiìti dello studio di Napoli. Pare che sia sorta per le esigenze umanistiche del Rinascimento napoletano, sotto gli Aragonesi. Il maestro del Sannazaro, Giuliano Maio, l'autore del *De Maiestate*, e di un dizionario latino *De priscorurn proprietate rerborum*, il precettore d'Isabella d'Aragona, lesse nello studio (riaperto nel 1451 da Alfonso I) dal 1465 al 1488 "rettorica" , "poesia," o "arte oratoria" col soldo di trenta o quaranta ducati[227]. E nello stesso anno 1465, re Ferdinando creava per Costantino Lascaris, venuto da Milano al séguito di Ippolita Sforza, di cui era stato maestro, una cattedra di eloquenza, ma *"ad lecturam Græcorum auctorum, poëtarum scilicet et oratorum"*[228].

Non risulta, del resto, che il Lascaris v'insegnasse più d'un anno; e alla sua partenza la cattedra dové cadere. Non così quella di rettorica latina, detta poi anche di umanità, che ebbe maestri di fama, come Pomponio

---

[227] Pércopo, *N. doc. sugli scritt. e gli artisti dei tempi aragonesi*, in *Arch. stat. nap.*. XIX, 740-1 ; e introd. alle *Rime* del Chariteo, Napoli. 1892, p. CCXVIII. E. Cannavale, *Lo Studio di Napoli nel Rinascimento*, Napoli, Tocco, 1895, docc. cit. nell'*Indice dei nomi* s. "Mayo de Juliano".
[228] Cannavale, doc. 13. p. XXI.

Gaurico — che v'insegnò sempre con la provvisione di 40 ducati dal 1512 al 1519[229],— e l'amico del Fontano, Pietro Summonte, dal 1520 al '26[230]. Ma questa, come le altre cattedre dello Studio, ebbe un assetto stabile dalla prammatica del 1616, che (part. II, tit. I) ordinò "una cattedra di Rettorica con 100 ducati di salario[231] l'anno: ha da leggere i precetti di essa, o per Aristotile, o per Quintiliano, o per il libro *Ad Herennium*, et parte dell'anno alcun oratore, o istoriografo per potere esemplificare detti precetti"[232]. In questo programma, d'altronde, bisogna scorgere la conseguenza dello stesso sviluppo storico di quell'insegnamento, che in esso ebbe quasi la sua codificazione. Quando, nel 1711, G. B. Vico dettò di suo le *Institutiones oratoriæ*, in fondo non fece uno strappo al programma, perché la sostanza era sempre quella tradizionale. E Gennaro non fece di certo lui la rivoluzione. Fino al '77 insegnò la solita rettorica; dopo gli toccò anche di "formare" le Istituzioni poetiche. Era sempre l'insegnamento greco e romano, rinnovato dagli umanisti e perpetuatosi dal '400 in poi, col permanere del generale indirizzo strettamente classico della coltura e della letteratura. Vedremo tra poco come timidamente, durante la vita stessa del nostro Gennaro, farà capolino nello Studio un insegnamento letterario moderno: e quanta fatica durerà

---

[229] Pércopo, *L'umanista Pomponio Gàurico c Luca Gàurico ult, degli astr.*, Napoli, Pierro, 1895, p. 69 e 173-7.

[230] Pércopo, ibid., p. 69 e 177-9. Per altri nomi oscuri vedi oltre il Pércopo, l. c., il Cannavale, p. 87.

[231] Dai docc. pubblicati dal Cannavale risulta (p. 63) che il soldo era salito a 60 duc. nell'anno 1532-33. Ridisceso a 50 duc. nel 1568-69 (p. 70), risalì a 60 nel 1574-75 (p-72); e vi si mantenne fino al 1580 (p.-4), ultimo anno per cui si abbia notizia d'un lettore d'*humanità*; e forse fino al 1616.

[232] V. *Nuova. Coll, della Pramm. del Regno*, to. XIII, p. 17.

ad affermarsi con carattere e con spirito veramente nuovo e indipendente da questo vecchio istituto umanistico.

A Gennaro, che, per altro, non fu l'ultimo dei maestri di rettorica latina, bisogna render merito dei sani criteri, che per ispirazioni paterne, seppe mantenere nella sua disciplina, insistendo sempre sull'importanza del contenuto, combattendo il puro studio della forma vuota, le virtuosità stilistiche e sofistiche, le minuzie grammaticali[233], ed incitando i giovani agli studi seri e profondi. Nell'orazione inaugurale del 1774: *Optima studendi ratio ab ipso studio petenda*, tornando sul tema già trattato nel 1741 [234], fatta una dipintura satirica delle ordinarie occupazioni della gioventù effeminata del tempo, affermava questo bisogno degli studi fatti con ardore d'animo e vigoria di volere *aeque naturalis et facilis est vobis sapientiae adipiscendae ratio, quae est vestrametipsa voluntas*[235]. La volontà vince anche i difetti della natura. Con la volontà si superano tutte le difficoltà. Ma il fine degli studi non è da riporre nel guadagno.

Questi sono i costi sordidi e vili della letteratura, che sono abbondantemente disponibili per voi contemporanei. Chi è zelante per la conoscenza e la scienza non è spinto a quelle cose da alcun premio, poiché anche coloro che si dilettano negli studi onesti, vediamo che non hanno riguardo per la salute o le cose familiari; tutte cose perpetuate dalla conoscenza e dalla conoscenza stessa: per compensarla con le più grandi fatiche, che si dilettano

---

[233] Sono degni d'esser letti gli *Avvertimenti per lo studio del latino*, da lui dati, pare, per l'istruzione di qualche figliuolo di signori, e che io sono costretto a rimandare all'Appendice.

[234] Vi sono ripetuti anche de' periodi.

[235] Pag. LXIV.

nell'imparare[236].

Di che adduceva ad esempi Anassagora, Cameade, Archimede, Pitagora, Demostene: e avrebbe potuto meglio ricordare il padre, se non l'avesse trattenuto certo pudore domestico, che mai non gli fece pronunziare quel sacro nome, quando avesse potuto suonare jattanza sulla sua bocca.

VI.

---

[236] [*"Sordida haec et vilia sunt literarum pretia, quae vobis con-temnentibus ultro abunde suppetent. Qui studio flagrat cognitionis et scientiae, is nullo emolumento ad eas res impellitur quin etiam qui ingenuis studiis delectantur, eos videmus nec valetudinis nec rei familiaris habere rationem; omnia perpeti ipsa cognitione et scientia captos: cum maximis laboribus compensare eam, quam in discendo capiunt voluptatem"*].

Da uno sdoppiamento della vecchia cattedra di rettorica derivò nell'università di Napoli l'insegnamento della letteratura italiana. Quello stesso marchese della Sambuca, che nel 1778 "per porre in attività il genio della nazione, e il talento dei sudditi"[237] di S. M., dié vita, come s'è visto, all'Accademia delle scienze e belle lettere, in quel torno stesso, tentò anche un ammodernamento dell'insegnamento universitario con la riforma del 26 settembre 1777, che qualche modificazione importò anche alla cattedra di Gennaro Vico. Nel dispaccio con cui comunicava a Carlo Demarco, ministro del culto — da cui la P. I. dipendeva — il nuovo piano dell'università, egli scriveva :

"La pubblica educazione, che è stata sempre tra le cure principali di ogni ben regolato Governo, per la influenza, che ha sul costume de' popoli e su la floridezza dello Stato, con la cognizione e con l'esercizio delle scienze e delle arti liberali e meccaniche, necessarie non meno alla cultura ed alla politezza delle nazioni, che alla sua ricchezza e potenza, col promuoverne e sostenerne il commercio, avea già richiamata l'attenzione del Re".

Si sente il linguaggio del tempo dei lumi. Sono quindi ricordate le precedenti cure di Ferdinando IV per l'istruzione. "Dopo queste sue prime sovrane disposizioni, ha il Re voluto rivolgere ancora il suo pensiero all'Università degli Studi (...). Ed avendo S. M. veduto, che siccome nelle pubbliche scuole stabilite nella R. Casa del Salvatore vi erano alcune lezioni, che anche nell' Università degli Studi faceansi; e così in questa, e in quelle ne

---

mancavano poi molte, che le nuove scoverte fatte nelle scienze e nelle arti rendevano interessanti: ha perciò disposto, che si combinassero insieme; e, togliendo per una parte quel che vi fosse di superfluo, e aggiungendo quel che mancasse per l'altra, e alcuni soldi, ch'erano nelle scuole, sopprimendo, ed altri, che nell'università eran troppo tenui, aumentando, si formasse un corpo intero e compiuto di tutto ciò, ch'è necessario alla perfetta istituzione della gioventù, cominciando da' primi elementi fin alla Facoltà delle Scienze più sublimi"[238]. Perché tutto questo corpo completo di studi fosse raccolto in un sol edificio, l'università passò allora nella casa del Salvatore, dov'era già il convitto . — "Né qui si sono arrestate le paterne cure del Re. Ha determinato di più, e disposto, che si formino, oltre all'Accademia della Pittura, Scultura, ed Architettura (...) altre due Accademie, una per le Scienze e l'altra per le Belle Lettere, con avere stabilite le pensioni corrispondenti agli Accademici, ed ai Segretarii dell'una, e dell'altra, che saranno a suo tempo dalla M. S. dichiarati, col Presidente delle medesime. E siccome queste Accademie si terranno nell'edifizio, ove sin'ora è stata l'Università degli Studj[239], ha disposto ancora S. M. che nel medesimo si situino le magnifiche sue due regali Biblioteche, Farnesiana e Palatina, destinandole all'uso del Pubblico. Ed oltre ciò, vi saranno trasportati li due ricchissimi suoi regali Musei, Farnesiano ed Ercolanese, per lo stesso uso". *E, perchè nulla mancasse alla perfezione di questa grande opera, ed alla compiuta*

---

[238] Arch. Sta. Nap. — *Scritture diverse della cappellania maggiore*, vol. 34, f.º 230 sgg. Ma il dispaccio è pubblicato nel De Sariis. *Cod. di leggi del Regno di Napoli*, lib. X, tit. IV, Napoli, Orsini, 1796, p. 47 sgg.

[239] Il Palazzo degli Studi. — Sbaglia perciò il Colletta (*Storia*, lib. II, cap. II, § 13) ponendo tutti quest'istituti insieme con l'Università al Salvatore.

istruzione della gioventù, si disponeva l'istituzione di una cattedra di Storia naturale, di un orto botanico, di un laboratorio chimico, "e che vi sieno tutte le macchine per fare le sperienze, e le altre operazioni corrispondenti". Tutto ciò nel Palazzo degli Studi. Si ordinava altresì all'ospedale degli Incurabili una cattedra di Ostetricia e la formazione di un teatro anatomico. Infine era annunziato l'ordinamento di un Osservatorio astronomico nella casa del Salvatore.

In questa, che si può dire la riforma universitaria dell'illuminismo, tra le cattedre nuove comprese nel piano dell'università, troviamo appunto quella di "Eloquenza italiana". — "Si dee provvedere — è detto nel Piano, anch'esso del 26 settembre 1777, — col soldo di ducati 300"[240]. Si sarebbe dovuto provvedere a questa, come alle altre cattedre nuove, per concorso: "Solamente — diceva il marchese della Sambuca al Demarco nel suo dispaccio — solamente per questa prima volta li maestri delle nuove cattedre si proporranno al Re da V. S. Ill.ma con la mia intelligenza, per combinarsi colla Riforma fatta".

Non passarono infatti tre mesi, che il ministro Carlo Demarco spediva al cappellano maggiore del tempo, don Matteo Gennaro Testa Piccolomini, arcivescovo di Cartagine, il seguente dispaccio:

Essendosi fatta presente al Re la rappresentanza di V. S. I. de' 19 dello scorso novembre contenente le terne de'soggetti proposti per le nuove cattedre aggiunte all'Università dei Regj Studj, S. M. ha scelto per l'Eloquenza italiana D. Luigi Serio: per la Meccanica, P. Nicola Cavallo; per l'Arte Critica e Diplomatica il P. D. Emanuele Caputo Cassinese: per la Storia sagra e profana il Prete

---

[240] Arch . Sta. Nap.. *Scritture* cit. vol. 34, f.º 252 b; De Sariis, p. 52.

D. Francesco Conforto; per l'Agricoltura D. Niccola d'Andria; per l'Architettura Civile e Geometria pratica il Canonico Tarulli: per la Geografia e Nautica il P. D. Lodovico Marrano ; coll'obbligo però, che debbano tutti tali lettori di persona far le lezioni , senz'ammettersi sostituti in loro vece nelle accennate rispettive cattedre nuovamente aggiunte. Rispetto poi alla cattedra di Logica o Metafisica S. M. si ha riserbato di risolvere in appresso, od allora a suo tempo comunicherò a V. S. I. la Real risoluzione.

Nel Real nome pertanto comunico a V. S. f. tal'elezioni de' accennati lettori, fatte dalla M. S. perché ne disponga il possesso e l'adempimento; siccome ne ho dato l'avviso a medesimi per loro intelligenza. – Palazzo, 10 dicembre 1777[241].

Chi era don Luigi Serio? Nato nel 1744 a Vico Equense, esercitava in Napoli la professione d'avvocato; ma già intorno al '65 era diventato una celebrità come improvvisatore. A differenza dei soliti poeti estemporanei, il Serio aveva una solida cultura letteraria e scientifica.

E non era privo di buon gusto, come dimostrano alcune sue polemiche letterarie. "La fraseologia dei novatori, delle gente alla moda, gallicizzante ed anglizzante, delle anime sensibili, dei filosofanti, era un suo odio particolare. Contro costoro scrisse, tra l'altro, un opuscoletto, pubblicato anonimo, col titolo: *Cose e non parole*, mettendo in caricatura gli obblighi filosofici e utilitarii, che si volevano addossare alla poesia. Ma non pare che questo

---

[241] *Dispacci dell'Ecclesiastico*, vol. 426 (nov. 1777 a genn. 1778), ff. 140-141; nonché tra le *Scritture diverse della Cappellania Magg.* vol. 34, i ff. 228-229. Parzialmente lo stesso dispaccio fu pubblicato dai prof. N. Barone, *Breve memoria intorno ai prof. di diplom. e paleografia nell'Univ. e nel G. Archivio*, Valle di Pompei, 1888, p. 7 sgg.

suo odio fosse effetto di un pensiero profondo"[242]. Le sue *Rime*, del resto, raccolte in due volumi nel 1772 e 1775 hanno scarsississimo valore. Nel 1771 dié in luce alcuni *Pensieri sulla poesìa*, dedicati all'ab. Galiani [243]: al quale diceva: "Voi siete un letterato di vivacissimo spirito, di sublime ingegno, e di vasta erudizione (...) Vedete dunque, se io senta qualche cosa avanti nella ragion poetica, ed il vostro giudizio mi servirà di perpetua norma". Ma più che a questi *Pensieri*, in cui pure non mancano buone osservazioni sul mutare degl'ideali artistici col mutare dei secoli, e sui difetti della vuota poesia del tempo, il Serio dovette la cattedra di Eloquenza italiana alla stima guadagnatasi in corte con le sue ammirate improvvisazioni, che già quell'anno, 1777, gli avevano procacciato la nomina di poeta di corte, nonché l'incarico di rivedere le opere teatrali e provvedere ai bisogni poetici del S. Carlo[244].

Delle ragioni che indussero all'istituzione della nuova cattedra letteraria, il Napoli-Signorelli, facendone risalire tutto il merito a Ferdinando IV, scriveva nel 1798:

---

[242] Croce, *L. Serio*, nel vol.: *Aversa a D. Cimarosa*, Napoli, Giannini, 1900.

[243] Di cui non conosciamo altro che le prime 12 pagg. conservate in una *Miscellanea* (III st.. XV, F., 25) della Società napoletana di storia patria.

[244] Per lotte che dové sostenere, come revisore teatrale, per la riforma del melodramma, vedi B. Croce, *I teatri di Napoli*, Napoli, Pierre, 1891, pp. 575 sgg., 592 sgg., 624 sgg., 733 sgg. — P. C. Ulloa , che non era privo di gusto e di un certo buon senso scrive: "*On peut reconnaître encore dans quelques pages de Luigi Serio, plus éloquentes, et plus spécieuses que raisonnables, des pensées neuves, et des images heureuses a côté des traits les plus hasardés. Il eut le torte de semer dans l'arène du palais les fleurs et les ornements de la poesie. Ses discours portrient l'empreint d une éloquence factice et d'un goût passager; il avait plus d'imagination que de force d'exprit*". Altri, d'ingegno anche inferiore, "*se laissaient aller, comme Serio, à inonder leur auditoire de fleurs d'une déclamation académique*", *Penseés et souvenirs sur la litterature contemporaine de Naples*, Genève, 1859-60, I, 33-4.

Vide il nostro Re che la gioventù dedita alla greca e latina eloquenza od a svolgere Demostene, Pindaro ed Omero, o Tullio, Orazio e Virgilio, riusciva così rozzamente a disviluppare i proprj concetti nella materna lingua volgare, come si ravvisa singolarmente negl'immensi mucchi d'allegazioni ed altre scritte forensi; ed accorse ad ovviare a tale inconveniente col fondare una cattedra di Eloquenza italiana, e fece si che la lingua di Dante, del Petrarca e del Boccaccio e de' tersi scrittori del secolo decimosesto s'intendesse, s'imparasse per principj e si pregiasse.

Il pensiero risale certo ad A. Genovesi, che fu il primo, com'è noto, a insegnare nell'università in italiano, quando iniziò le sue lezioni di Economia civile. E, quando dopo la cacciata de' Gesuiti, nel 1767, ebbe incarico dal Tanucci di formare un Piano di scuole — che poi non poté essere adottato, almeno interamente — propose anche "una scuola di lingua di eloquenza e di poesia toscana; perciocché mirando già tutte le nazioni di Europa a rendere volgari e comuni le regole delle arti e delle scienze, parve al- l'abate Genovesi necessario che i giovani si avvezzassero di buon'ora a sapere parlare e scrivere con nettezza ed eleganza la propria lingua". Ma "questo studio sì necessario" concludeva il biografo del Genovesi, nel 1770[245], "è intanto il più negletto nella nostra educazione".

Importante è quello che lo stesso Napoli-Signorelli, dopo avere accennato alle altre cattedre moderne, stabilite con la riforma del 1777, ci dice della impressione che di quelle novità ebbero i contemporanei:

Chi crederebbe, egli esclama, che queste gloriose novità

---

[245] G. M. Galanti, *Elogio stor, del sig. ab. A. Genovesi*, 3ª ed., Firenze, 1781, pp. 71, 91-3, 109.

dovessero sembrare innovazioni inutili a certi vecchioni che non hanno mai inteso più oltre delle istituzioni mediche, legali e teologiche, della fisica di Aristotile o di Cartesio, e della nuda pedanteria (ma non altro) delle lingue dotte? E pure odonsi alcune sparute larve, ignoranti dell'importanza di tali stabilimenti, mormorarne e torcere il muso: "Quali cattedre (van dicendo)! Lingua italiana, agricoltura, chimica, commercio, diplomatica, storia naturale, geografia fisica! Fa mestieri di un pubblico professore per istudiar la lingua volgare che parliamo dalle fasce...". Cosi favellano certi noti annosi maestri che non mai seppero passare oltre dei confini della pedanteria e cacciar da sé *prisci vestigia ruris*. Ma il gran Ferdinando che d'ingegno e di cognizioni, come di grandezza d'animo, di possanza e di maestà tutti sorpassa, ad onta di cotesti idioti eruditi olla vecchia maniera, ha fondate queste nuove scuole importantissime per rimuovere la gioventù da' rancidumi, onde non più comparisca inceppata e coperta di timidezza da collegio a fronte di chi bevve in migliori fonti[246].

Tra cotesti vecchioni, eruditi alla vecchia maniera, vi sarà stato anche Gennaro Vico? Pare molto probabile, se si considera che realmente, così come nacque, l'insegnamento della letteratura italiana non fu che una duplicazione della vecchia Rettorica, che s'insegnava nell'università di Napoli dalla metà del Cinquecento; e se si ripensi alle sue lamentanze del 1797 per la sorte toccatagli di raggiungere dopo 40 anni d'insegnamento quello stipendio di 300 ducati, che altri aveva ottenuto tanto più presto; p. e. don Luigi Serio!

Che cosa abbia precisamente insegnato il Serio si può argomentare da un interessante documento, conservato in

---

246 P. Napoli Signorelli, *Regno di Ferdinando IV*, Napoli, Migliaccio, 1798, pp. 242, 244-5.

una miscellanea della nostra Società storica [247]: cioè dal manifesto, con cui dopo 14 anni d'insegnamento, annunziò la pubblicazione dello sue *Istituzioni*, che non sembra poi vedessero la luce. Esso reca la data di Napoli, 16 maggio 1791:

Agli amatori della bella letteratura:

Dalla stamperia di Vincenzio Flauto usciranno alla pubblica luce le istituzioni dell'eloquenza e della poesia italiana dell'Avv. Luigi Serio regio cattedratico. Quest'opera sarà divisa in quattro tomi: il primo conterrà le più importanti questioni intorno all'origine, all'indole od al carattere della lingua; e in esso si tratterà eziandio di tutto ciò, elio principalmente alla grammatica appartiene, ma con animo di veder come esser possa una delle fonti dell'eloquenza. Nel secondo e nel terzo tomo va l'autore ritrovando i mezzi, onde si pervenga alla perfezion del gusto, e crode di osservi riuscito, facendo le seguenti ricerche: I. In che consiste l'artifizio della metafore, e quale utilità se ne ricava ? II. Perché le figure, che si addimandan retoriche, facciano mirabili effetti in qualunque specie di scrittura o di discorso? E se ne additerà la cagione nelle passioni di cui esse sono, e devono esser il linguaggio. III. Che cosa sono i pensieri ingegnosi e i concetti, e perché rapiscono ed incantano gli animi altrui, o riescon freddi e puerili? IV. Coloro che declaman tanto contro il periodo, hanno pur ragione di farlo? E qui si farà un'analisi di ciò che forma l'armonia del discorso in generale, o della lingua italiana in particolare. V. L'eleganza, e le locuzione son voci, che esprimono idee distinte, o confuse? O possono esser soggette a un maggiore schiarimento? VI. Che cosa è stile? E qui abbracciandosi l'antica divisione di stile semplice, temperato e sublime, se ne dimostreranno i caratteri, o con questa occasione si faranno per

---

[247] Misc. XV, Fas. 25.

lo stile semplice molte osservazioni sulle lettere familiari, su' dialoghi, sulle materie didascaliche o sieno instruttive, e sulla istoria; e per lo stile sublime si andrà esaminando in che consisto il merito di que' fortunati pensieri, che in prosa o in verso riempiscono gli animi de' lettori in un medesimo tempo di gioia, di maraviglia e di nobile ardimento. VII. Si faranno finalmente opportuno riflessioni sull'eloquenza del pulpito, e del foro. Il quarto tomo è destinato alla poesia italiana, e conterrà questi sei trattati, cioè l'origine della nostra poesia, il metro e lo rime; l'armonia del verso, e come possa servire all'imitazione; la locuzione poetica e il dar persona alle idee; la lirica poesia in generale, e le sue diverse specie; e i principj della poesia drammatica, e dell'epica[248](...) Addio.

L'insegnamento del Serio era, come, si vede, il *pendant* della rettorica e della poetica insegnata da Gennaro Vico. Questi esemplificava i suoi precetti con la lettura dei classici latini: il Serio con quella degl'italiani. A' suoi commenti danteschi accenna il marchese di Villarosa, quando in uno di quei suoi sciagurati *Ritratti poetici* fa dire al Serio:

> *Dell'itala eloquenza, in Dante oscura,*
> *Talora i pregi di svelarne avviso.*[249]

Gli stessi precetti e le teoriche dovevano spesso dar luogo ad esemplificazioni, e quindi a letture di classici, secondo era richiesto già dall'antico programma della Rettorica. Lo stesso Villarosa ci dice che, esercitando il suo

---

[248] Il manifesto annunziava che il 1° tomo sarebbe stato pronto per la fine dell'imminente luglio di quell'anno, e che sarebbe costato, come ciascuno degli altri tre, quattro carlini.
[249] Ediz. cit. p. 21.

ufficio, il Serio "ne riscosse non mentite lodi, perciocché le sue lezioni, pronunziate con brio e piacevolezza, eran ripiene di recondito sapere, le bellezze additando dell'idioma gentil sonante e puro"[250].

"Ma la pagina più bella, scritta dal Serio, fu quella della sua morte"[251]. È noto il racconto commovente del Colletta. Il 13 giugno 1799, il Serio si trasse dietro i nipoti a combattere contro le schiere di Ruffo, che assaltavano Napoli: "Il vecchio, per grande animo e natural difetto agli occhi, non vedendo il pericolo, procedeva combattendo con le armi e con la voce. Morì su le sponde del Sebeto: nome onorato da lui, quando visse, con le muse gentili dell'ingegno, ed in morte col sangue"[252]. Il borbonico Villarosa nota amaramente che le muse *non furono capaci a salvarlo, ed illagrimato non poté evitar la taccia di arrogante ed ingrato.*

E per lo sdegno, forse, contro questa ingratitudine dei poeti,Ferdinando IV non volle più saperne per un pezzo di professori di Eloquenza italiana. Ancora nell'Almanacco di corte del 1805 la cattedra si dà come vacante[253]. Venuto Giuseppe Napoleone, il 31 ottobre 1806 emanò un decreto, come più sopra accennai, per riorganizzare gli studi universitari, sopprimendo parecchie cattedre, anche di quelle stabilite nel 1777, e alcune istituendone nuove[254]. Tra

---

[250] *Op. cit.*, p. 84.

[251] B. Croce, *op cit.*

[252] Colletta, *Storia*, lib. IV, c. III, § 32.

[253] *Calendario e notiziario della corte per l'anno 1805*, pp. 122-3 (Napoli, 1805).

[254] Vedi questo Decreto nella *Collez. degli editti, determinaz., decreti e leggi di S. M. da' 15 febbr. al 31 dic. 1806* (Nap., Stamp. Simoniana) p. 384 sgg., nonché nell'altra *Collezione* (pressoché ignota e pure importantissima) *delle leggi de decreti e di altri atti, riguardanti la P. I. promulgati nel già Reame di Napoli dall'anno 1806 in poi*, Napoli. Fibreno, 1861-3 (3 voll.), I, 6-7.

le soppresse con quelle di Diritto di natura, Testo d'Ippocrate, Etica, Teologia primaria, Testo di S. Tommaso, Storia de' concilii ecc., v'è anche, come dissi già, la Rettorica: la cattedra di Vico[255]. L'università fu divisa in cinque facoltà: Diritto, Teologia, Medicina, Filosofia[256] e Scienze naturali. Ma alle facoltà erano aggiunte sei cattedre diverse: Commercio; Critica e diplomatica; Eloquenza antica e moderna; Lingua greca; Lingua ebraica; Lingue orientali. "Nell'Eloquenza antica e moderna pare che s'intendesse fondere i due insegnamenti di Gennaro Vico e di L. Serio; e vi fu nominato il già sostituto di Gennaro, il can. Nicola Ciampitti (decreto 31 dicembre 1806), che conservò la cattedra con quel titolo fino al 1811. Ma non passarono due anni da cotesta riforma, che un decreto del 20 gennaio 1808 erigeva nell'università una cattedra di Letteratura antica e moderna, nominandone titolare (col soldo di professore di 3ª classe, come tutti gli altri delle "cattedre diverse") certo Angelo Marinelli. Ci è arrivata la *Prolusione* che costui lesse quell'anno stesso *in occasione dell'apertura della nuova cattedra di letteratura antica e moderna eretta nella R. Università degli Studj di Napoli*; ed essa accenna alle ragioni per cui la "coltissima" Accademia di Storia e d'Antichità, fondata l'anno innanzi da Giuseppe[257] aveva proposta e garantita al

---

[255] Allora (per l'art. 58 di questo decreto) l'università, che nel 1805 era passata a Monteoliveto, tornò al "palazzo detto del Gesù vecchio".

[256] In questa facoltà furono comprese 6 cattedre: 1. logica e metafisica; 2. matematica semplice; 3. matematica trascendentale; 4. meccanica ; 5. fisica sperimentale ; 6. astronomia.

[257] Con decreto del 17 marzo 1807: vedi la *Collez.*, ora citata. I, 30-32. Questa Accademia fu poi, com'è noto. (Colletta, *Storia*, lib. VI, c. III, § 29; Minieri-Riccio, *Arch. Stor. Nap.* V, 1880, 595-7) incorporata nella *Società reale di Napoli*, istituita da Giuseppe con decr. 20 maggio 1808 (*Collez.*, cit.. 1,53-56), diventata nel 1817 Società Borbonica. Nei *Giornali* del Marinelli, t. XII, pp. 80-82, è riferito il decreto di costituzione dell'Accademia del 1807; e segue

Governo l'istituzione della nuova cattedra; e ci dà insieme un'idea di quello che tale insegnamento doveva essere.

Non era un uomo volgare questo Marinelli. Fratello primogenito di Diomede, autore dei noti *Giornali*, ora in parte pubblicati, così utili allo storico degli avvenimenti napoletani dal 1794 al 1820[258], egli, sebbene sacerdote, fu, come il fratello, caldo fautore della repubblica del 1799; ma più del fratello dové compromettersi, se, appena caduta la repubblica, il 14 giugno venne arrestato e condotto al Ponte della Maddalena, quartier generale del Ruffo; poscia su un bastimento[259]. Ne scese l'11 agosto; "ed ha sofferto molto dalla vii plebe — notava quel giorno il fratello[260] — come gli altri; e tra l'altro, gli ponevano in bocca ogni lordura, che trovavano in terra". Il 27 settembre il fratello notava ancora[261]: "Quest'oggi mio fratello Angelo Marinelli mi ha mandato a dire, ch'è stato condannato ad esser deportato fuori il territorio napoletano, o portato in Marsiglia". E il 19 novembre, infatti, Angelo in S. Elmo firmava l'obbligo "di andare in esilio sua vita durante[262]". Onde il 14 dicembre Diomede poteva registrar con piacere che nella notte il

---

questo ricordo: "Per decreto di S. M. sono nominati Accademici dell'Accademia Reale d'Istoria e di Antichità i signori P. Andres. Cav. Arditi, Arcivescovo Capecelatro, Abbate Gaetano Carcani, Domenico Cotugno, Francesco Carelli, Abbate Niccola Ciampitti, Francesco Daniele, Consigliere di Stato Delfico, Professore Gargiulo, Abbate Donato Gigli, Abbate Gaetano Greco, Vescovo Lupoli, Abbate Girolamo Marano, Generale Parisi, Abbate Bartolomeo Pezzetti, Vescovo Bosini, Canonico Francesco Bossi, Cav. Villarosa".

[258] Vedi la nota su D. Marinelli in B. Croce, *Studii stor. sulla rivol. napolet. del 1799*, Roma, Loescher 1897, pp. 229-30; e la cit. pubblicazione della I parte dei *Giornali* di D. M. a cura di A. Fiordelisi.

[259] *Giornali di Diomede*, ed. Fiordelisi, pp. 81-2.

[260] Ivi. p. 88.

[261] Pag. 96.

[262] *Giorn.*, ed. Fiord, p. 112.

fratello era stato imbarcato per Marsiglia : "sto contento —
scriveva — temendo, di peggio"[263]. Non ne seppe altro fino
al giugno dell'anno dopo, quando Angelo, dopo sei mesi,
gli diede finalmente notizie di sé da Marsiglia[264]. Ma non
doveva rivederlo che nel 1807 la sera del 12 ottobre, dopo
otto anni d'esilio![265]

Questi meriti patriottici del Marinelli, che, peraltro,
aveva esercitato sempre la professione dell'insegnamento,
ne fecero un professore dell'università, con cattedra
istituita per lui, sotto Giuseppe Napoleone[266]. "La sua
reputazione", dice l'Ulloa[267], "e una vita esente da
rimproveri furono forse le vere cause della sua riuscita e del
favore pubblico". Oh, l'animo di Diomede, quando il
giovedì 28 aprile 1808 potéscrivere nel suo diario[268]:
"Questa mattina Angelo mio fratello ha principiato le
lezioni della nuova cattedra, ne' Regj Studj, di letteratura
antica e moderna"! — Ma non convissero quindi che pochi
anni. Ecco la necrologia di Angelo inserita nei *Giornali*[269]:

Angelo Marinelli, mio fratello germano, nato nel 1765[270] è
passato a miglior vita nella notte a sei ore venendo il sabato di
marzo del 1813. Mi è avvenuta questa disgrazia dopo una tediosa
malattia di quasi tre mesi con idropisia, e poi è terminata con
cangrena nella verga. E stato seppellito il sabato a sera nella

---

[263] P. 117.

[264] P. 130.

[265] Sotto questa data nel ms. t. XI, p. 708: "Questa sera verso le ore 3 è giunto
Angelo mio fratello dopo l'esilio di otto anni".

[266] [Giuseppe Bonaparte (1768 - 1844) fu re di Napoli dal 1806 al 1808, e re di
Spagna dal 1808 al 1813].

[267] Ms. t. XI, p. 723.

[268] *Pensées*, I, 114.

[269] Dal Ms. cit. XI, p. 733.

[270] Nacque probabilmente a Longano nel Molise.

Congregazione di S. Caterina a Formello. Esso mio fratello era sacerdote, e professore dell'Università di Napoli. Gli primi studj gli fece nel seminario d'Isernia, e vi fu lettore e rettore per pochi anni. Nel 1795 venne in Napoli per studiare maggiormente, e aprì scuola privata. Nel 1799 fu arrestato dalla popolazione della nota rivoluzione, e fu sbarcato a Marsiglia, e poco vi si trattenne essendo passato in Italia poco dopo. Fu professore nel Liceo di Alessandria e di Casal Monferrato. Finalmente nel dì 12 ottobre del 1807 si ritirò in mia casa, e poco dopo fu fatto professore nell'Università, e confirmato nell'organizzazione seguita a dì 18 gennaio 1811. Era uomo portato all'ipocondria, sentenzioso o grave. Studioso all'eccesso, ed era il suo idolo la gloria ed onore nelle scienze. Giusto nelle sue deliberazioni, e non capace di offendere niuno in fatti, sebbene in parole spacciasse che *la vendetta era il nettare di Giove*. Amava la gioventù e principalmente i suoi allievi. È stato pianto da tutti quei che lo conobbero, non che da me. È passato a miglior vita munito con tutt'i sagramenti, ch'ha eseguiti, con edificazione degli astanti[271].

Ma torniamo alla *Prolusione*. Il Marinelli dice che la nuova cattedra "ha di mira particolarmente l'analisi critica e ragionata de' classici antichi e moderni" per formare "di una maniera facile e breve" il gusto dei giovani, e abituarli " ad apprezzare e leggere gli autori con discernimento, pronunziare sul loro merito il proprio giudizio con sicurezza, e proponendoseli per modelli, lavorare componimenti solidi e degni dell'immortalità". I classici da leggere sono i grandi scrittori di queste quattro epoche: la Grecia di Pericle e di Alessandro, la Roma di Cesare e di Angusto, l'Italia di Leone X e dei Medici, la Francia di Luigi

---

[271] Un nipote di Angelo Marinelli affermava nel 1887 che un'opera dello zio su la *Fisionomia dell'uomo* si conservava manoscritto presso l'arciprete di Longano, (Crook. o. c., p. 228): ma non se ne sa altro.

XIV. "Da essi trar bisogna l'abbondanza e la ricchezza de' termini, la varietà delle figure, la maniera di comporre, le immagini, i movimenti, l'armonia e tutto ciò che evvi di bello, di grande e di squisito nel carattere del loro ingegno e del loro stile". Dunque, lettura ed analisi di Omero, Sofocle, Euripide, Pindaro, Tucidide, Virgilio, Orazio, Sallustio, Petrarca [272], Tasso, Ariosto, Corneille, Racine, Fenelon. Studio importantissimo ai tempi nostri, dice il Marinelli, "perché oggi più che mai si trascurano i grandi originali, che soli formar possono il nostro spirito". Del resto il novello insegnante non intendeva presentare questi classici come modelli perfetti all'ammirazione cieca degli scolari. Anzi annunziava "una critica severa", che, rilevando le imperfezioni, avrebbe fatto meglio risplendere il merito, come "il fuoco dà un nuovo lustro alla purezza dell'oro". La censura non fece forse migliori i cittadini di Roma? Bisogna distinguere le buone guide dalle pericolose. "Chi non sa che Seneca, Lucano e Marini hanno in diverse epoche contribuito a corrompere il gusto della gioventù?". Ricordarsi poi che negli autori migliori non tutto è egualmente buono, né tutto ciò che è buono, conviene egualmente in tutti i tempi e luoghi. "Chi oserebbe imitare oggidì le noiose enumerazioni d'Omero e le similitudini ch'egli prende da cose basse e triviali; i dettagli minutissimi d'Ovidio; lo stil concettoso del Marini; le leggi drammatiche tante volte trascurate dal gran Corneille? Questa dev'essere " scuola di critica e di buon gusto".

E quando questa novella cattedra, — dice il Marinelli a suoi

---

[272] Dante non c'entra: forse perché non si poteva tirare come il Petrarca (per gl'imitatori), al secolo di Leone X. Del resto il Marinelli conchiude : "Questi ed altri scrittori celeberrimi".

uditori,—non servisse ad altro ch'a distruggere quel resto d'amore pe' concetti e per le arguzie, che regna in quegli spiriti, il di cui gusto non è ancora depurato, a far amare da coloro che si piccano di comporre, quella saggia sobrietà che forma la solidità dello stile; a mostrare che nelle coso piuttosto che ne' termini bisogna cercare la nobiltà dell'espressione; ad evitare ne' discorsi quella grandiosità affettata , la quale egualmente che la semplicità triviale, è contraria alla dignità della dizione; insomma a scrivere sensatamente, ciò bastar dovrebbe a convincervi della sua utilità.

Siamo, come si vede, a un livello molto più alto che col Serio. Il fondo dell'insegnamento è ancora la rettorica: ma che rivoluzione! Tutta la precettistica, tutto il convenzionalismo, il formalismo, classico e pedantesco, sono iti: Marinelli è uno schietto romantico; e in qualche accento ti parrebbe di sentire già il De Sanctis, se non stonasse, tra tanto buon senso e indipendenza di giudizio, qualche accenno a quel filosofismo di cui il Marinelli doveva essersi imbevuto già prima del '99, e anche più nelle sue peregrinazioni in Francia e nella Cisalpina.

Terminando il suo discorso, egli esponeva brevemente il metodo che avrebbe seguito. In primo luogo si sarebbe studiato di " sviluppare le cagioni fisiche (*sic*) e morali che hanno contribuito alla nascita, all'incremento ed allo splendore di ciascuna letteratura". Avrebbe cercato "perché essa, come una pianta, in alcuni climi si è veduta nascere e fiorire spontaneamente; perché, esotica altrove, non ha prodotto dei frutti che a forza di cultura, o perché selvatica ha resistito alle cure che si son prese di coltivarla". Avrebbe indagato il perchè della mirabile fioritura dello grandi quattro epoche letterarie. Compiuto questo "quadro filosofico delle vicende e della storia letteraria de' quattro secoli" sarebbe venuto quindi all'esame dei classici. Ma bisogna sentire quanto nei criteri qui enunciati per tale esame questo Marinelli, rimasto finora quasi interamente ignorato, s'avvicini a principii e metodi molto recenti:

Di quelli che col lor sapere e coll'opere loro si renderon più illustri, parlerò più ampiamente; più brevemente di quelli che non furon per egual modo famosi. Della vita de' più rinomati scrittori accennerò in iscorcio le cose le più importanti, e quello particolarmente che contribuir possono a dar lume o risalto maggiore alle lor produzioni; più diffusamente ragionerò di ciò che appartiene al loro carattere, al loro sapere, al loro stile. Rileverò i pregi e le bellezze che sfolgoreggiano nello opere loro, per promuoverne l'imitazione. Non passerò sotto silenzio i difetti che intrusi vi sono, affinché s'evitino. E se parlar dovrassi di due o più scrittori, che si saranno nello stesso genere segnalati, non tralascerò di farne il parallelo, o di mostrare in che l'uno sull'altro primeggi.

Infine il Marinelli credeva di poter conchiudere, che questo insegnamento avrebbe istruita la gioventù "senza obbligarla al meccanismo de' precetti, e senza ingolfarla nelle minuzie grammaticali, che sono per lo più disgradevoli alle persone di già avanzate negli studj".

Ben presto però il carattere speculativo di un tale insegnamento dovette prevalere sulla sua parte storica, e la materia trasformarsi in una filosofia dell'eloquenza. *Filosofia dell'eloquenza* s'intitola infatti il libro pubblicato dal Marinelli nel 1811[273], e dedicato (in data di Napoli, 2 di

---

[273] *La filosofia ddl'eloquenza* di Angelo Marinelli, professore di letteratura classica nella Regia Univ. di Napoli, e socio di varie Accad. ital. e straniere. In Napoli, 1811. presso Angelo Trani; di pp. VI-103, in-8. A p. 68 sgg., è un cenno di quello che l' A. avrà svolto nel suo corso; ossia intorno alle cause

luglio 1811) al conte, Giuseppe Zurlo, come a capo della Pubblica Istruzione, *"versando sulla riforma dello studio dell'eloquenza"*. Scopo del libro era "quello di mostrare che, più degli aridi precetti de' retori, una felice disposizione della natura, il genio, l'entusiasmo, la conoscenza del mondo ed un ricco corredo di cognizioni filosofiche formano l'uomo eloquente Questa, dice il Marinelli nella sua dedica è "una teoria da me già dimostrata ad evidenza". Dove dimostrata, se non nelle sue lezioni ? "Pure, a giudizio di alcuni essa sembra ancora un problema". Da qui parrebbe che il suo insegnamento avesse suscitato qualche critica e forse anche un certo scandalo. Che insegnava egli dunque? — Un cenno di questo libro non si riterrà, fuor di luogo, se si considerano le felici osservazioni che vi abbondano e la grande rarità di esso.

È diviso in due parti, una negativa, *Del vero carattere dell'eloquenza*, in cui l'autore critica la vecchia rettorica, e

---

del fiorire delle lettere nei quattro secoli accennati nella *Prolusione* del 1808. — Una *Filosofia dell'eloquenza o sia l'eloquenza della ragione* aveva pubblicata nel 1783 in due grossi vol., in-16 (in Napoli, presso Vincenzo Orsini) l'avv. Franc. Ant. Astore, uno de' martiri del '99, nato a Cesarano, in Puglia, nel 1744, autore nel 1799 d'un *Catechismo repubblicano* e d' una trad. dei *Diritti e doveri del cittadino* del Mably. Vedi su di lui una notizia di N. Morelli, nelle *Biogr. degli uom. ill. del Regno di Napoli*, del Gervasi, vol. IX, Napoli 1822; D'Ayala, *Vite degli Ital. benemeriti etc.*. Roma, 1833, pp. 34-41, e l'*Albo della rivoluz. napol. del 1799*, p. 28. La *Filosofia dell'eloquenza* ebbe una ristampa a Venezia, e fu trad. in francese dall'Yverdun; ed è certamente opera notevole per la profonda conoscenza che dimostra, della letteratura estetica straniera, specie francese ed inglese, e per lo strano miscuglio che, come ne' Saggi politici pubblicati quell'anno stesso dal Pagano, vi si fa, delle idee del Vico con quelle dei sensisti. La menziona il Croce nelle sue *Varietà di storia dell'estetica*, nella *Rass. crit, di lett. it.* del Pércopo, 1902; VII, 5; ma merita uno studio particolare. In quest'opera però la rettorica è elaborata filosoficamente, ma non è criticata. Il libro non ha altro che il titolo comune con la *Filosofia* del Marinelli.

una positiva, *Vedute filosofiche intorno alla scienza del comporre*, che espone le dottrine critiche del Marinelli. L'esposizione procede per considerazioni aforistiche ed epigrammatiche; ed è più una serie di appunti, che una trattazione vera e propria.

Rilevata l'importanza del linguaggio nello sviluppo dello spirito, accennati gli effetti per esso conseguibili quando tocchi il grado dell'eloquenza, l'autore afferma che questi effetti "annunciano la forza ed il potere di un'anima che signoreggia sulle anime mercé l'ascendente della parola"[274] (p. 10): e nota subito: "Quel che evvi però di singolare si è, che alcuni hanno creduto supplire colle regole ad un talento sì raro. Ciò sarebbe, a parer mio, lo stesso che il ridurre, se si potesse, il genio a precetti. E colui che ha preteso il primo, che gli uomini eloquenti si debbano all'arte, o il dono della parola certamente non possedeva, o era molto sconoscente ed ingrato verso la natura". La natura sola fa l'uomo eloquente. Gli ornamenti studiati delle rettoriche hanno rispetto all'eloquenza il valore della scolastica di fronte alla vera filosofia.

Qual cosa, infatti, più triviale quanto il professare e mettere in pratica un'eloquenza si ridicola? Figure ammonticchiate, grandi parole, che non dicono nulla di grande, movimenti imprestati, che non partono dal cuore, e che per conseguenza non vi giungono giammai, non suppongono al certo nell autore e nel maestro alcuna elevazione di spirito, alcuna sensibilità. Ma la vera eloquenza. essendo l'emanazione di un anima ad un tempo

---

[274] L'Ulloa (*Pensées*, I, 114) — il quale dice anche lui, che questa *Filosofia dell'Eloquenza* "ne manquait pas d'aperçus nouveaux et intéressants" (I, 116), — a proposito dei discorsi letti dal Marinelli nella Pontaniana nota che in quel tempo "la conduite des écrivains était inégale et incorrente. A ce defaut près, l'auteur a de la méthode, de l'érudition et du jugement".

semplice, forte, grande e sensibile, bisogna in sé concentrare tutte queste qualità per dar precetti ed eseguirli. Poiché, diciamolo pur con franchezza, chi è penetrato vivamente dal bello, dal sorprendente, dal sublime, lungi non è dall'esprimerlo" (p. 11).

I precetti non hanno prodotto mai nessun capolavoro. Infatti i grandi scrittori sono d'accordo nel dire che "gli squarci più sorprendenti delle loro opere hanno quasi sempre loro costato minor fatica, perchè sono stati ad essi come ispirati, producendoli. – L'eloquenza è nata avanti le regole della rettorica. Omero sparso avea di tratti sublimi e magnifici i suoi poemi divini, ed il teatro greco vantava un Eschilo, un Sofocle ed un Euripide, prima che lo stile sublime fosse stato definito da Demetrio Falereo, ed il filosofo di Stagira [275] prescritto avesse regole sulla tragedia" (p. 14). La rettorica v'insegna l'uso delle figure: ma il popolo stesso parla il linguaggio figurato, e niente è più frequente dei tropi sulla sua bocca.

Come nelle leggi la lettera uccide e lo spirito vivifica, così le teorie rettoriche sono diventate tante gravi catene, onde si è caricato il genio. Le istituzioni dei retori moderni, modellate su quelle degli antichi, "rigurgitano di definizioni, di regole e di particolarità, necessarie forse per leggere con profitto gli oratori latini, ma assolutamente inutili e contrarie anche al genere di eloquenza, che si professa ai giorni nostri" (p. 15). Questi retori, "fanatici per l' antichità che si millantavano di conoscere, ci dettero per modelli tutto ciò eh essa ci ha lasciato, e posero, senza discernimento, l'esempio e l'autorità al luogo del sentimento e della ragione" (pp. 17-18). Leggi ce ne saranno,

---

[275] [Aristotele].

ma bisogna ricavarle, dagli stessi "principii delle cose", dallo studio degli uomini, della natura e delle arti medesime. Ma non devono essere regole, a cui il genio abbia da sottomettersi servilmente, senza il diritto di scostarsene ogni volta che gli siano ili peso e d'imbarazzo. Abbia egli la regola per far bene, ma anche la libertà, per far meglio. Il Gravina avrebbe voluto che P. Metastasio "radesse il suolo, schiavo della regola, quando era fornito di penne per tentare un volo di Dedalo, ed apprendesse le leggi del teatro dalle usanze de' Greci, quando per ispirazione di Melpomene, si leggeva l'arte dentro il suo cuore". Fortuna che la natura la vinse sull'autorità del maestro. "La scuola lo rese autor del *Giustino*; il genio ne fece un classico" (p. 20). Sicché le opere artistiche bisogna giudicarle "non dalle imperfezioni e dalle quisquilie che vi si rinvengono, ma delle bellezze che vi brillano". Detto profondo e, almeno per l'Italia, novissimo. Il De Sanctis ne farà un principio fondamentale della sua critica. "Il poema di Klopstock, — dice il nostro Marinelli, — è forse meglio condotto della Eneide; ma venti bei versi di Virgilio sapraffanno tutta la regolarità della *Messiade*. I drammi di Shakespeare e In Divina Commedia di Dante hanno delle imperfezioni barbare e disgustevoli; ma a traverso di quella densa caligine folgoreggiano quei tratti di genio che eglino soli potevano avventurare". Lasciate libera da ogni freno l'immaginazione. "Lasciate saltellare e correre a suo bell'agio quel destrier generoso; esso non è giammai sì bello quanto ne' suoi traviamenti. Abbandonato a sé stesso, alle volte cadrà certamente; ma che? Anche nella sua caduta conserverà quella fierezza e quell'audacia che perderebbe colla libertà" (p. 23).

La turba dei retori definisce l'eloquenza: "l'arte di

ben dire acconciamente per persuadere". Meglio il D'Alembert: "il talento di far passare con rapidità, ed imprimere con forza nell'anima altrui il sentimento profondo di cui siamo penetrati". In tutte le lingue vi sono squarci eloquentissimi, che non provano nulla, e quindi non si può dire che siano atti a persuadere; eloquenti sono perché scuotono potentemente ehi legge od ascolta. "Quando Andromaca fa a Cesira il quadro dell'esterminio di Troja, o le rammemora il congedo che da lei prese Ettore sul punto di andare a battersi con Achille, non ha certamente disegno di persuaderla. Ella geme e, piena del dolore che la desola, cerea di aprire agli altri il suo cuore esulcerato" (p. 25). C'è l'eloquenza poetica e l'eloquenza prosaica, non tanto diverse, che, "attingendo le loro ricchezze nella medesima sorgente, non si ravvicinino qualche volta, non si tocchino, non si confondano". La distinzione tra poesia e prosa è propriamente distinzione tra arte e scienza: delle cui attinenze il Marinelli ha un concetto prettamente vichiano. I poeti classici precedono sempre i prosatori; ed "è agevol cosa a trovarne la ragione. La poesia non è che l'opera della fantasia e del sentimento. Or i popoli che sortono dalla barbarie, avendo idee ristretto e limitate, sono per conseguenza sommamente immaginosi. Ciò osservasi di leggieri ne' fanciulli che un simulacro sono de' popoli selvaggi. Al contrario, la prosa richiede intelletto e spirito di osservazione. Quindi negli uomini sviluppandosi più presto quelle prime facoltà, che i talenti, i quali suppongono la maturezza del giudizio, è avvenuto che l'eloquenza poetica ha sempre fiorito prima della prosastica in tutte l'epoche della letteratura" (p. 28).

Dopo di che fa veramente meraviglia che il Marinelli si affanni a dimostrare che "la filosofia, lungi dal nuocere, giova anzi moltissimo alle produzioni del genio" (p. 82) e che "il più bello squarcio di eloquenza, se manca del fondo di verità che vien compartito dallo spirito filosofico, rassomiglia a quel fiorellino, che pompeggiando in mezzo al prato, sorprende i primi sguardi, ma, appena colto, langue e si scolora" (p. 35-6): miscuglio di falso e di vero, in cui senti l'influenza della filosofia allora di moda, come là dove Dio non è altrimenti nominato che "Ente supremo" (p. 32) da questo curioso prete della rivoluzione, il quale si dice che amasse vestire sempre da laico[276].

Pure, un fondo di verità, per dirla con lo stesso Marinelli, nel suo pensiero c'è; e si scopre presto, quando l'autore soggiunge che "per sentire il pregio dell'espressione, bisogna, come i Platoni, i Montaigne, i Baconi da Verulamio, i Montesquieu e i Filangieri, unire l'arte di scrivere all'arte di ben pensare".

Non si respira qui l'aria romantica? Da anteporre a tutti gli studi dei libri, il più utile e il più necessario è lo studio degli uomini e della vita.

Volete conoscere gli uomini? Vedeteli da vicino, ascoltateli, osservateli continuamente: "Una parola, un colpo d'occhio, un atteggiamento, un gesto ed il silenzio stesso è alle fiate quel che dà la vita, l'espressione" (p. 39).

Non sta negli ornamenti estrinseci il vero pregio di un'opera d'arte: il vero capolavoro spogliato di essi conserva tutto il suo interesse. Vuole lo scrittore rendersi interessante? "S'investa bene della parte sua, ed esamini a fondo le cagioni e gli effetti degli avvenimenti. Quando una volta si è renduto padrone della sua materia; quando si è investito del carattere che dee rappresentare; quando la sua

---

[276] Croce, *Studi*, cit., p. 229.

immaginazione si è riscaldata, per così dire, ai riverberi della sua immaginazione; quando essa è montata al livello del soggetto e delle circostanze, la sua eloquenza è tale quale convien che sia. Ella la si esprime con nettezza. Il valore del sentimento interiore si spande su tutto il suo discorso". — Sobrietà, sovrattutto, e naturalezza. Se un sol tratto ha espresso una passione violenta, ogni aggiunta non fa che guastare[277].

Romantica è anche l'idea del Mannelli che bisogna essere originali, ma che "se avete disegno di depredare le idee altrui, siano almeno quelle che non alla vostra, ma all'estere nazioni si appartengono (...). Trasporterete tra i vostri nazionali un nuovo fondo di dottrine e dilaterete così la sfera delle loro cognizioni".

C'è ancora in questo libretto molto vecchiume rettorico: ma la tendenza ha un'importanza storica notevole, o qua e là lampeggia un ingegno critico non comune[278].

---

[277] A questo proposito il Marinelli fa una critica del Laocoonte di Virgilio, la quale dimostra buon gusto, acume e libertà di giudizio (pp. 73-4).

[278] Negli *Atti della Società Pontaniana* (alla quale il Mannelli appartenne come socio residente), vol. 1. Stamperia Reale, 1810 pp. 93-120, e 213-39, sono due memorie del Marinelli: *Cagioni dei progressi straordinarj dei Greci nella letter. e nelle belle arti*, letta ai 20 dicembre 1808; e Origine e progressi nella letter. e nelle belle arti presso i Romani, letta nella sed. de' 30 maggio 1809. La prima è una dimostrazione di quell'amore della bellezza che i Greci portarono in tutte le forme della loro attività. Curioso questo brano in cui si vuol spiegare la semplicità greca (p. 102) : I Greci "erano semplicissimi, per la ragione ch'essendo repubblicani, esser dovevano più liberi e generalmente popolari. — Sì, quella libertà ch'eleva l'anima dei cittadini, fu la prima cagione che contribuì allo sviluppo di quel popolo classico, poiché la forma del governo influisce essenzialmente sulle arti e sulle scienze di tutte le nazioni. I sovrani che, rispettando il codice eterno della natura, lasciano ai subdoli la porzione della libertà ch'è loro necessaria per illuminarsi, bisogno non hanno di minacce e di catene per tenerli a freno, né innalzar debbono baluardi sulle frontiere per garentire lo Stato dagl'insulti stranieri. Il genio, il valore, i lumi e la virtù sono i figli della libertà".

VII.

Una "Filosofia dell'eloquenza," aveva proposta nel 1809 un altro molisano d'ingegno. — intelletto veramente superiore, — nel piano degli studi universitari, al luogo della cattedra del Ciampitti (Eloquenza antica e moderna) e di quella del Marinelli, il cui titolo era propriamente, come s'è veduto: Letteratura antica e moderna. Il *Rapporto e progetto di legge* presentato nel 1809 a G. Murat dalla Commissione straordinaria pel riordinamento della P. I. nel Regno di Napoli, di cui fece parte quello spirito illuminato di Melchiorre Delfico, ma fu relatore e vero autore Vincenzo Cuoco, è il documento pedagogico e scientifico più notevole in cui ci sia accaduto d'incontrarci in questa nostra ricerca. Questa scrittura del potente scrittore di Civitacampomarano , insieme col *Saggio storico sulla rivoluzione di Napoli*, e anzi, vorrei dire, ciò che di più notevole produsse il pensiero napoletano in quegli anni agitati tra il 1799 e il 1820. Tra i letterati e professori del suo tempo V. Cuoco grandeggia in questo *Rapporto* come un alto spirito solitario, giacché egli si rannoda direttamente al pensiero d'un grande morto, rimasto nome sacro ma incompreso per tutto il periodo che abbiamo qui addietro percorso, e per cui si distese la vita vuota di Gennaro Vico. Il nome del padre di costui ricorre in questo scritto più

La 2ª memoria è un abbozzo di storia letteraria romana. A p. 215, n. 1, l'A., a proposito dell'origine greca delle Leggi delle XII Tavole, dice: "Non s ignora che Giambattista Vico nella sua *Scienza Nuova intorno alla natura delle cose* (sic) ha messo in forse questo fatto; ma il dotto avvocato Antonio Terrasson in una delle sue memorie inserita negli atti dell'Accademia delle Iscrizioni, To. XII, l'ha difeso in modo, che sembra non potersene più dubitare". — Pur citando il Terrasson (*Sulle Leggi delle XII Tavole*), il Cuoco invece nel suo *Platone*, § LXIV, aveva sostenuto con acume e con brio la tesi vichiana.

d'una volta. Sono esplicitamente richiamate alcune delle idee più geniali dell'orazione *De nostri temporis studiorum ratione*[279]. Ma quando gli accade di menzionare la *Scienza Nuova*, l'autore esce a dire di essa:

Una delle opere le più ardite che lo spirito umano abbia tentate: o se quell'opera non ha prodotto ancora tutto quello effetto che dovea produrre, ciò è solo perchè era superiore di mezzo secolo all'età in cui fu scritta Ma è degno di osservazione, che le idee di Vico vanno sbocciando nelle menti altrui, a misura elio la filosofia dell'erudizione progredisce; o si spacciano da per tutto molte teorie come novità, mentre non sono altro che semplicissimi corollari della dottrina di Vico. Noi non ne facciamo l'enumerazione, perché forse potrebbe dispiacere a molti, i quali saranno inventori di quello cose, delle quali potrebbero esser creduti plagiari[280], se mai le opere di Vico fossero tanto note, quante meriterebbero di esserlo. Quello però che possiam dire con sicurezza si è che la dottrina di Vico è nota ed adottata quasi tutta intera nelle sue applicazioni; ma n'è rimasta oscura la teoria generale, da cui tali applicazioni dipendono, e da cui si possono rendere più ampio, e più certe[281].

Il Cuoco non è certo un plagiario del Vico, né anche in questo Rapporto[282]: da Vico egli trae ispirazioni e germi

---

[279] Nella bella ristampa che di questo scritto del Cuoco è nella cit. *Collez., delle leggi e decr. della P. I.*, 1, 126. Qui lo scritto del Cuoco è riferito al 1811. Il Ruggieri. *op. cit..* p. 61, lo riferisce al 1812. Ma documenti inediti dell'Arch. di Stato Napoletano, che io pubblicherò quanto prima in un volume di *Scritti pedagogici inediti o rari* di V. Cuoco, ci attestano che il Rapporto e il Progetto, risalgono al 1809. In questo volume narrerò la storia del Progetto e del relativo Rapporto.

[280] Il Cuoco non prende questo termine noi senso ora corrente: ma vuol dire ripetitori, non originali.

[281] *Loc. cit.* pp. 156-7.

[282] Sui rapporti del Cuoco col Vico si può anche vedere quel che ne ho detto

fecondi di pensiero nuovo. Un esame dell'intero scritto sarebbe qui fuor di luogo. Tuttavia non è possibile, prima di vedere il disegno che il Cuoco propone e propugna per l'insegnamento letterario dell'università, non dare anche uno sguardo alle sue profonde osservazioni sull'insegnamento letterario nella scuola media. Il Cuoco inizia per questa una riforma capitale, mettendo a capo di tutte le materie da insegnarvi la lingua italiana, della quale nelle scuole mezzane non s'era pensato ancora a far oggetto di studio speciale[283]. E bisogna sentire come ragiona la sua proposta.

---

nella *Critica* del 20 gennaio 1904, III, 39 sgg.

[283] Dopo la cacciata dei Gesuiti, la riforma l'atta nel 1770 dal Tanucci, che ordinò in Napoli il collegio del Salvatore e altri reali collegi in Aquila, Bari, Capua, Catanzaro, Chieti, Cosenza, Lecce, Matera e Salerno, restrinse ancora tutto l'insegnamento letterario al latino e al greco. Vedi il *Regolamento degli studi del Collegio napoletano del SS. Salv., e de' Collegi Provinciali*, in De Sariis, lib. X, tit. VI (pp. 53-54) e nelle *Prammatiche De reg. studiorum* (pp. 42-50). Vedi pure le *Istruzioni per le scuole del Salvatore e delle Province*, anche del Tanucci (1771), nelle stesse collezioni. Solo per i *convittori del convitto* in queste istruzioni si stabilì un' ora al giorno di scuola particolare per lo studio delle lingue italiana, francese e spagnuola, in due soli anni del corso, che era di otto; fuori, dunque, del programma comune. Nell'istituzione dei collegi il Tanucci fu detto seguisse i consigli di Ferd. Galiani. Vedi la *Vita dell'ab. F. G.* di L. Diodati, Napoli, Orsino, 1788, pp. 35-6. Nel carteggio, infatti, del Galiani col Tanucci, che Fausto Nicolini vien pubblicando nell' Arch. Stor. Nap., è una lettera ancora inedita e da me potuta vedere per cortesia dell'amico Nicolini (da Parigi, 4 gennaio 1768), del Galiani al ministro di Napoli, intorno agli istituti d' istruzione che si sarebbero dovuti fondare dopo l'espulsione dei Gesuiti. Ma, rispetto al metodo, l'ab. Galiani dice solo che "si potrà dar la cura di distenderne il piano ai pili valenti professori dell'Università; ma intanto che si faccia, si potrà senza esitazione servirsi di que' regolamenti distesi dal sig.ʳ E. Ferdinando di Leon Commissario di Campagna per il nuovo Collegio di Sora, messo sotto la sua cura. Regolamenti, che fan conoscere non meno l'adeguatezza e acume della mente, che le profonde cognizioni di questo Magistrato. Tutti gli altri regolamenti dal medesimo pensati per il vitto, vestito, distribuzioni di ore etc. di quel Collegio, meritano d' essere a parer mio con applauso adottati".

Il linguaggio non è solamente la veste delle nostre idee, siccome i grammatici dicono, ma n'è anche l'istrumento. La prima lingua che noi dobbiamo sapere, è la propria. L'educazione de' nostri collegj dava troppo, ed inutilmente, allo studio grammaticale delle lingue morte. Le lingue non si possono apprenderò bene per via di grammatiche e di vocabolari: lo avverte benissimo il proverbio: *aliud est grammalice, aliud est latine loqui*; e l'esperienza giornaliera lo conferma. I precetti della grammatica in ogni lingua sono pochi e semplici, e tra le grammatiche la più breve è sempre la migliore. Lo studio della lingua, o non già della grammatica, deve esser lungo: ma ogni studio soverchio, che si dà alla grammatica, è tolto al vero studio della lingua, la quale non si apprende se non colla lettura e retta imitazione de' classici.

Tanto buon senso non dico che precorre il tempo del Cuoco; perché troppi ancora non ne sono capaci. Certo, meglio del Cuoco oggi non si potrebbe dire su questo punto. "Noi diremo anche di più — continua il Cuoco: — rende più facile lo studio delle lingue morte il saper bene la propria e vivente. Tutte le lingue hanno un meccanismo comune, il quale dipende dalla natura comune delle menti umane". Da questo principio vichiano il Cuoco desume che quella che occorre studiare è, a proposito della lingua nostra, una grammatica generale, una grammatica con metodo filosofico, che faciliti l'apprendimento delle altre lingue[284].

Allo studio dell'italiana vuole unito quello delle lingue classiche, perché "quando esse si potessero senza danno e senza vergogna ignorare dagli altri popoli, non si debbono ignorare da noi (...)". Ma con lo studio delle

---

[284] Il Cuoco doveva avere in mente la Grammatica generale del Dumarsais, che cita infatti poco dopo a proposito dei tropi.

lingue (tra cui non crede trascurabili le moderne, sovrattutto la francese) il Cuoco intende che vada di pari passo la lettura dei classici così latini e greci, come italiani.

E questa continuerà per tutto il tempo delle scuole; e perché non per tutta la vita? Sarà cura della Direzione [285] il "fare una ripartizione dei nostri classici; onde ve ne siano degli adattati alla diversa età e capacità dei giovinetti: sarà cura de' professori introdurli in questa lettura, più utile di qualunque lezione; renderla più utile ancora colle imitazioni, colle versioni, e con tutti quegli altri generi di esercizj scolastici, de' quali, siccome notissimi, non occorre parlare.

Il concetto, come ognun vede, giustissimo, del Marinelli. Ma dove si nota anche più la modernità del Cuoco, è nei colpi che dà alla vecchia carcassa della poetica e della rettorica. Bisogna riferir questo luogo che è un documento storico di molto valore.

Noi non parliamo particolarmente della poetica e della rettorica. Nella prima il meccanismo della versificazione è tanto facile ad apprendersi, che bastano quattro o cinque lezioni noi finir della grammatica, seguendo il metodo degli antichi, che tali lezioni alla grammatica solevano unire. Ma quanta distanza vi è tra il conoscer il meccanismo della versificazione, od il saper fare de' bei versi? E quanta ancora dal far dei bei versi, al fare un bel poema? Tutto ciò non si fa, se non a forza di genio e di bene intesa imitazione de' grandi esemplari.
Lo stesso dicasi per la rettorica. Che s'insegna colle rettori- che ordinarie? L'*invenzione*, quasi che l'inventare consistesse in altro che nel paragonar due idee, che già si hanno, per farne sorgere

---

[285] Avrebbe dovuto essere (Progetto di Decreto, art. 4) un ufficio preposto a tutta la P. I., alla dipendenza del Ministero dell'Interno.

una terza, che non si ha ancora; o quasi potesse inventare chi non ha idee, e non ha acquistato, a forza di esercizj matematici e logici, quella versatilità, che è necessaria per fame più rapidamente i paragoni! La disposizione, quasi che il disporre abbia altra ragione, che quella di ordinar le idee ed i sentimenti in modo, che producano il massimo effetto possibile; e quasi che questo non sia l' ultimo risultato della più profonda cognizione del cuore e dell'intelletto umano! L'*elocuzione*, quasi che la forza intrinseca, principale dello stile, non dipenda dalla varia associazione e coordinazione delle idee ! Che rimane dunque in quella, che chiamasi rettorica? L'esposizione delle figure delle parole, o sia de' tropi, la cognizione de' quali appartiene alla grammatica, ed è di sua natura tanto facile, elle il più grande forse, e certamente il più filosofo dogli scrittori, che ne han trattato (Du Marsais) ha dimostrato, che que' modi, che noi vogliam chiamar figurati, sono i modi più naturali di esprimerci[286]. Che altro finalmente? La nomenclatura delle vario parti di un nostro discorso: nomenclatura che si può apprendere, e si apprende benissimo, anche senza maestro; perché si richiede ben poco a sapere, che quando taluno racconta fa una narrazione, quando descrive fa una descrizione. E tutto questo materia sufficiente per un corso particolare di lezioni?

Al risorgere delle lettere ci ha nociuto la mala intesa imitazione degli Antichi: abbiam ritrovati di essi alcuni trattati particolari sopra talune parti della rettorica, sull'*invenzione*, sui *tropi*, sull'*elocuzione* (...): gli abbiamo compendiati, gli abbiamo riuniti, e ne abbiam formato un corpo di scienza, che abbiam destinata pe' giovinetti. Avean destinati ai giovinetti i loro libri anche gli Antichi? Aristotile non parla di rettorica al suo grande allievo[287], se non dopo i più profondi studj di morale e di politica; e l'opera rettorica che di lui abbiamo, ben dimostra che non poteva esser diversamente: essa non potrebbe intendersi da un giovine di

---

[286] Cfr. Croce, *Estetica*, 2ª ed., p. 451.
[287] [Alessandro Magno].

collegio. Tutta lo scuola platonica credeva non esservi, propriamente parlando, alcun'arte rettorica; e che il saper ben parlare non altro fosse, che il saper ben pensare e vivamente sentire. Ed alla scuola platonica non si può per certo rimproverare di disprezzare ciò che non sapeva. Cicerone ha voluto difendere contro Platone la sua arte; ed ha voluto dimostrare, che l'oratore ha bisogno di qualche altra cosa, oltre del sapere: la disputa forse non è ancora decisa: ma lo stesso Cicerone non ha potuto negare, che all'oratore il sapere era indispensabile (...). Perché invertiamo l'ordine della natura, e vogliamo insegnare a parlare a coloro che non ancora sanno pensare? Onde poi ne avviene, che i giovani de' nostri collegi sanno tutto Cygne[288] e tutto De Colonia, e non sanno scrivere un biglietto? Perché turbiamo la classificazione delle scienze, e riuniamo alla rettorica ciò che deve esser il risultato di altri studj, i quali sono egualmente necessari? Perché finalmente non imitiamo i grandi esempj? Presso gli Antichi, lo studio dell'eloquenza era l'ultimo di tutti; e Cicerone avea compiuti tutt'i suoi studj, quando si esercitava sotto Molone.

Vedremo subito quale sia questa eloquenza che il Cuoco rimanda a studi superiori. Ora voglio solo notare che questo assalto alla rettorica non è mosso da quello spirito per cui certamente barrì approvato M. Delfico, da quel filosofismo astratto che era il fondo della cultura di costui, ma solo una verniciatura di quella del Cuoco, e che dichiarò anch'esso guerra alle regole, alle tradizioni, alle pedanterie. Cuoco era altra tempra intellettuale: il suo libro è la *Scienza Nuova*. Basterebbe leggere, per accertarsene, ciò che dice con profondità, da cui rimangono ancora assai lontani i compilatori de' nostri più recenti programmi e pedagogisti

---

[288] Cioè l'*Ars rhetorica* (1659, tante volte ristampata) di Martino Du Cygne, gesuita (1619-1069). Il libro del De Colonia è anche più noto.

della scuola media, dell'insegnamento della
Storia. Basta anche notare questa sua osservazione: "La
Storia deve esser collezione di fatti, e non di riflessioni:
quindi non sono del tutto lodevoli quelle tante istituzioni
di Storie che coi titoli pomposi di filosofi che, si sono
pubblicate in questi ultimi tempi, per uso de' giovinetti. Se
fate che le riflessioni precedano i fatti, voi non date più
Storia, ma riflessioni; e siccome la Storia tiene nelle cose
morali il luogo dell'esperienza, voi rassomigliate ad un
maestro di fisica, il quale in vece di esperienza dia sistemi,
in vece di dati dia conseguenze". Questo era genuino
pensiero vichiano; era la sana tradizione paesana.

Prima che queste idee del Cuoco trionfino nella
scuola, dovranno passare ancora diecine d'anni. Bisognerà
aspettare F. De Sanctis che dia mano, nella sua scuola di
Vico Bisi, alle "lezioni sulla rettorica, o piuttosto sull'anti-
rettorica per insegnare — allora per la prima volta a una
gioventù che ascolterà plaudente come a una rivelazione di
una grande verità — che "la rettorica ha per base l'arte del
ben pensare, e perciò non può insegnarsi che ai già provetti
nelle discipline filosofiche"; che essa fu "una invenzione e
quasi un gioco dei sofisti" e produsse l'indifferenza verso il
contenuto e il disprezzo della verità; che "le regole
rettoriche non hanno la loro verità che nelle forme del
pensiero, materia della logica. Ma come la rettorica non ti
dà il ben dire, così neppure la logica ti dà il ben pensare,
essendo le sue forme staccate da quel centro di vita che si
chiama lo spirito"[289] che "la parola non manca a chi ha
innanzi viva e schietta la cosa", e che bisogna perciò

---

[289] "Per imparare a ragionare — aveva detto il Cuoco nel Rapporto (*Collez* . cit.,
   p. 123), — è necessario aver ragionato". La logica non insegna a ragionare,
   ma a riflettere sulle operazioni logiche dello spirito.

studiare le cose con serietà e libertà d'intelletto. E così rinnovare la critica delle figure retoriche e conchiudere — proprio come il Cuoco nel 1809 — che la rettorica "svia da' forti studi, guasta l'intelletto e il cuore" e che bisogna buttare al fuoco tutte le rettoriche, e che "ci vuole il *verbum factum caro*, la parola fatta cosa"[290]. Il De Sanctis rifarà da sè il cammino: ma l'indirizzo di pensiero da cui trarrà i motivi della sua critica avrà una stretta parentela ideale con quello del Cuoco, a lui per questo rispetto rimasto ignoto.

Ma tutto il pensiero del Cuoco si compie in ciò che egli dice dell'insegnamento universitario. Egli, propone — era la prima volta — la costituzione d' una speciale facoltà di " lettere e filosofia", e la pone anzi a capo di tutte (lasciando le altre cinque del 1806, ma in un ordine diverso [291] . E in essa, oltre l'*eziologia* e l'*etica* (nell'ordinamento del 1806, l'etica "religiosa e filosofica" era stata aggregata alla facoltà di teologia, e nella facoltà di filosofia s'era istituita una cattedra di logica e metafisica, rimasta immutata fino al 1860), chiede una disciplina filosofica del tutto nuova : "quella dell'eloquenza, o, per meglio dire, della filosofia dell'eloquenza, la quale chiamar si potrebbe il complemento della filosofia istrumentale".

Contro la sua proposta egli prevede due sorta opposte di avversarii: "Alcuni troveranno questa cattedra inutile, perché contraria agli antichi metodi d'insegnare la rettorica ; altri perchè per mezzo di essa non si faranno

---

[290] Vedi per tutto ciò *La Giovinezza* di F. Dk Sanctis, cap. 25, pp. 252-3, 254, 256-7.

[291] Cioè: 2. scienze matematiche e fisiche; 3. medicina ; 4. giurisprudenza: 5. teologia. A quest'ultima, oltre l'esegesi e la storia, non lasciava che la "teologia dogmatica e morale evangelica". Vedi il *Prog. di Decreto*, art. 22 e 28 (*Collez.*, pp. 236-7).

mai degli uomini eloquenti". Ma ai primi la risposta è facile.
E da qualche tempo, che la filosofia si è impadronita delle
materie dell'eloquenza. Questa che i pedanti vorrebbero far
credere un'usurpazione, non è che una legittima rivindica
di ciò che la filosofia possedeva nei tempi antichi".

E accenna quindi compendiosamente quanta luce la
filosofia avesse fatta sulla vecchia materia empirica della
rettorica. Ritorna col Du Marsais (ma un Du Marsais
cuochiano, o vichiano che si voglia dire) a rilevare gli errori
degli antichi teorici. E dopo aver disegnato a grandi tratti
" il quadro di tutto ciò che la filosofia ha operato
sull'eloquenza" entrando in un ordine di considerazioni
più fondamentale e più opportuno, soggiunse:

Diremo che tutto ciò non sia che visione ed errore? Questo
sarebbe duro a dirsi, durissimo a credersi; ma anche quando si
diresse e si credesse, non basterebbe. Quando anche tutte le
osservazioni finora fatte fossero false, non ne verrebbe perciò,
che non se ne dovessero fare delle altre vere; perché non ne
verrebbe mai che i precetti potessero rimaner senza ragioni. E se
queste ragioni si debbono ricercare, poiché esse non altronde si
possono trarre che dalla natura dell'uomo, ne verrà sempre che,
abbandonate le officino de' retori, siccome diceva Cicerone, si
debba ritornare alle accademie de' filosofi. È vero, i pedanti
perderanno il diritto di censurare il Tasso, perchè avea messo il
Canto al principio del verso, mentre Virgilio l'avea messo nel
mezzo; i sonettisti, imitatori del gran Petrarca, non spingeranno
la servile imitazione fino al punto di comporre lo stesso numero
di sonetti, di canzoni, di sestine, di ballate, o d'innamorarsi anche
essi di Venerdì santo : i precetti cesseranno di esser esempj, il che
è sempre o servilo, se non vi discostate dall'originale, o
pericoloso, se volete al tempo istesso e discostarvene ed imitarlo:
il genio avrà sempre la ragione per guida. Ecco la differenza tra

la rettorica ordinaria e quella che da noi si propone.

Non è un'affermazione netta: ma chi non vede che cosa avrebbe dovuto essere questa teoria razionale, dell'arte, questa filosofia? La critica filosofica della rettorica conduceva dove doveva condurre: all'estetica.

Il Cuoco conviene cogli altri oppositori, che questa sua rettorica non formerà mai l'uomo eloquente. "E quale altra mai lo potrebbe? Non vi è eloquenza, ove non vi è ricca vena di pensieri e di affetti Ma non è questo il fine di tale insegnamento. "La gioventù ne' suoi primi anni non si esercita che a sentire le bellezze dei grandi modelli e ad imitarle: quando avrà già molto sentito, incomincerà a riflettere sulle proprie sensazioni; e questa riflessione, lungi dall'infievolire o distruggere le prime sensazioni, le conserva e le rinvigorisce. I giovani si arresteranno a riflettere sul bello. — Saranno eloquenti, se la natura gli avrà fatti tali; e se la natura tali non gli avrà fatti, almeno non saranno né stentati, né affettati, per imitare lo parole, i periodi, lo stile di un Antico, che esponeva idee ed affetti diversi dai loro; saranno semplici ed originali, il che è grandissima parte di bello".

Insomma, non doveva essere una precettistica, ma una teoria: cioè, per l'appunto, l'estetica. Lo studio degli scrittori, a cui, non i soli letterati, ma tutte le persone colte devono essere iniziate, nei ginnasi; e nell'università questo "studio profondo della teoria dell'eloquenza restituito alla filosofia".

Il Marinelli, conterraneo del Cuoco, liberale moderato come il Cuoco, suo compagno d'esilio a

Marsiglia [292], quando nel luglio 1811 pubblicava la sua *Filosofia dell'eloquenza*, si può credere che non ne avesse già a lungo discorso con l'autore del Rapporto? Il libro pare pubblicato col fine di ottenere la nuova cattedra, se le idee del Cuoco fossero trionfate. A ogni modo, le attinenze del pensiero del Cuoco col libro del Marinelli, dopo tutto ciò che si è detto, sono innegabili.

La sola parte che un programma di studi moderno desidererebbe, e non si trova nel piano del Cuoco, è la Storia della letteratura; forse perché egli intendeva che questo studio dovesse con l'esame degli scrittori, farsi nei ginnasi e licei. Giacché quanto sapesse pregiare e intendere il sapere storico si scorgo in questo stesso Rapporto da quel che dice con acume e larghezza mirabili delle due cattedre, che vi propone, di filologia latina e filologia greca [293]: alle quali voleva congiunto l'insegnamento della paleografia e della critica diplomatica (in una sola cattedra) [294]; e congiunta anche— ardimento veramente notabilissimo! — una cattedra di filologia universale, ossia della scienza speciale del Vico. "Anche la filologia", dice il Cuoco, "ha le sue idee astratte, ha la sua parte filosofica; perché ha le sue regole universali applicabili ai fatti di tutte le nazioni. Dalla filologia appunto dei particolari popoli il nostro Vico trasse i principj, che poscia espose nella *Scienza Nuova*". E, fatto l'elogio, che s'è visto, di questo libro, continua: "Noi

---

[292] Anche il Cuoco, com'è noto, fu esiliato dalla Giunta di Stato nell'aprile 1800, e dové partire per Marsiglia, dove nel marzo l'aveva preceduto l'altro molisano, cugino suo, Gabriele Pepe. — Vedi Ruggieri, *o. c.* pp. 24-25 e M. Romano, *Ricerche su V. Cuoco*, Isernia. 1904, p. 23.

[293] Questa filologia è intesa alla maniera del Boeckh, come "arte di conoscere e intendere tutti i monumenti, che a noi sono pervenuti dall'Antichità", (p. 152).

[294] Nella *Collez.*, cit., p. 156.

abbiam creduto e glorioso ed utile per la nostra nazione stabilire una cattedra, nella quale tal filologia universale s'insegnasse". Filologia per cui l'erudizione diventa filosofia, e quello che sappiamo dei Greci e dei Romani diventa utile a intendere ciò che ignoriamo o conosciamo molto imperfettamente della filologia delle altre nazioni. La stessa filologia greca e romana si illuminano di una luce tutta nuova; come ha dimostrato il Vico nel *De antiq. Ital. sapientia* e nel *De uno univ. juris principio et fine uno*. Le parole e i miti sono considerati come "conseguenza certa della intrinseca natura della mente umana" e soggetti a regole costanti.

La cattedra da noi proposta, conchiude il Cuoco, è "forse unica in Europa; ma che importa? Esiste o non esiste questa scienza? Ciò non si può negare, né anche da coloro che non conoscono Vico. Essa esiste tanto, che il solo spirito filosofico del secolo ne ha fatte sviluppare molte verità di dettaglio nella testa di molti: perchè, dunque, non insegnarne l'insieme?". — Ma chi l'avrebbe insegnata? Non credo che il Cuoco ci avesse pensato, e molto meno che egli vi si sarebbe potuto o voluto provare. Certo, non altri che lui allora sarebbe stato da tanto[295].

Ad ogni modo, se su questo punto imbarazzo ebbe il

---

[295] Nel 1792 era stata istituita nell' Università una cattedra di Storia della Filologia, e data ad Antonio Jerocades, di cui ci rimane la prolusione: *Orazione intorno alla concordia della filosofia e della filologia*, s. l. n. a., e l'opuscolo *Barone e Fico, ossia Disegno delle parti della filosofia corrispondenti alle parti della filologia secondo il piano di Bacone e di Vico* [Napoli, 1792]; cfr. Croce, *Varietà* cit., pp. 6-7. La biblioteca della nostra Società di storia patria possiede anche un quaderno delle lezioni del Jerocades, scritte da un suo scolaro, l'insigne giureconsulto Nicola Nicolini. Ma presentano assai scarso interesse. Sul Jerocades vedi G. Capasso, *Un abate massone nel sec. XVIII*, Parma, 1887.

consigliere Cuoco, ci fu chi ne lo cavò subito. Gabriele Pepe, che era in grado d' essere bene informato, nella Necrologia di V. Cuoco, ci fa sapere che il progetto di questo non fu accettato da re Gioacchino per le opposizioni di un altro molisano (di Baranello), Giuseppe Zurlo, ministro dell'Interno (da cui dipendeva l'Istruzione); il quale ne aveva già presentato uno suo, che naturalmente prevalse[296]. Ed è quello promulgato col decreto 20 novembre 1811[297]). Il quale, per ciò che concerne l'insegnamento letterario, tornò allo *statu quo antea*: la lingua italiana nei licei non ci entrò; la facoltà di lettere e filosofia fu bensì costituita: ma con le cattedre antecedenti alla riforma del 1806: eloquenza italiana, eloquenza e poesia latina. Nessuna novità notevole. Alla lingua si aggiunse la letteratura greca; si introdussero l'archeologia greco-latina, la cronologia e l'arabo. Ma, rispetto alla letteratura italiana, si tornò indietro. Si tornò all'erudizione pura e alla vecchia rettorica: Vico e la filosofia furono sconfitti. Cuoco era andato troppo oltre; e si ripiombò nel sec. XVIII. Marinelli, perduta la cattedra di letteratura antica o moderna, non ebbe l'Eloquenza italiana, malgrado la sua Filosofia dell'Eloquenza dedicata a don Giuseppe Zurlo. Gli toccò di passare, credo nel 1812, alla Cronologia, e l'Eloquenza italiana fu data un'altra volta al poeta di corte; cioè propriamente bibliotecario del re e più tardi lettore della regina: ad A. M. Ricci, che si apprestava a cantare i *Fasti di Gioacchino Murat*, ma aveva cominciato già a tesserne le lodi fin dal 1809 con le ottave *La Pace* e nel

---

[296] Vedi lo stesso Romano, *o. c.*, p. 39.

[297] *Collez.*, cit., I, 230-240. -Non è esatto, dunque, ciò che si dice nelle *Notizie intorno alla origine, formaz., e stato presente della R. Univ. di Napoli, per l'Esposiz., naz. di Torino nel 1884*: rettore G. Capuano, Napoli, 1884, p. 48, circa la sorte del progetto Cuoco.

1810 ne aveva cantato *il felice ritorno* nell'ode *La Verità*[298]. Con lo spirito leggiero e vuoto del Ricci, si riebbe l'insegnamento del Serio. E lo studio della letteratura italiana non si rialzò più fino al 1860.

In una breve notizia biografica sul poeta di Monopolino, sfuggita ai due recenti studiosi di costui, il marchese di Villarosa[299] dice che il Ricci "ottenne per la sua intemerata condotta in tempo della militare occupazione alcuni letterarii impieghi, e fra questi di esser professore di Eloquenza italiana nella regia università degli studii, impiego che conservò anche nel ritorno di re Ferdinando. Dovette tal onorevole carica rinunziare per motivo di salute, e ritornare ne' patrii Lari". Il che accadde sul finire del 1817[300]. Il suo insegnamento non durò, dunque, più di sei anni. Il il Villarosa ricorda appunto di essersi procurata l'amicizia di lui "udendo spesso le lezioni di Eloquenza italiana che allor dettava nella regia università degli studii,

---

[298] Vedi G. B. Ficorilli, *A. M. Ricci: la sua vita e le sue opere*, Città di Castello, Lapi, 1899, p. 21, e A. Sacchetti-Sassetti, *la vita e le Opere di A.M. Ricci*, Rieti. 1898, pp. 22-23.11 29 ott. 1901, dalla Città di Rieti fu pubbl. un numero unico *Al poeta A. M. Ricci*, Città di Castello, Lapi, pp. 20; contenente ritratti autografi ecc. con una notizia biografica del prof. Sacchetti-Sassetti. — Non si trova nella raccolta degli almanacchi di corte posseduta dalla Soc. nap. di storia patria — la più ricca che si abbia — quello del 1812. Nell'alm. del 1811, p. 369, Ciampitti insegna ancora Eloquenza antica e moderna e Marinelli Letteratura antica e moderna. Nell'alm. del 1813, p. 320, Ciampitti è all'Eloq. e poesia latina, Ricci all'Eloq. e poesia italiana, e Marinelli alla Cronologia.

[299] In nota alle *Lettere indirette al march. di Villarosa da diversi nomini illustri* racc. e pubbl. da M. Tarsia [con note biografiche dello stesso Villarosa], Napoli 1841, pp. 337-39. Una biografia del Ricci scriveva il Villarosa inserita già nelle *Notizie di alcuni cavalieri del sacro ordine gerosolimitano* etc., Napoli, Fibreno, 1841; ed è citato dal Sacchetti-Sassetti, p. X.

[300] Ficorilli, *o. c.*, p. 26. Il lavoro del Ficorilli è molto accurato e attendibile, per le molte carte e corrispondenze dell'Archivio di casa Ricci, di cui l'A. poté servirsi.

e che spesso terminava con la recita di qualche suo poetico componimento". Della qual parto d'insegnamento cerchi chi vuole i documenti nelle molte centinaia ili poesie da lui pubblicate, raccolte in parte nelle *Poesie varie*, dato in luce in Rieti in sei volumi dal 1828 al 1830. I documenti del resto egli li diede pubblicando nel 1813 *Della vulgare eloquenza libri due*[301], indirizzati, come già le lezioni del Serio, Agli amatori tirile lettere italiane.

"Nulla di nuovo, e pochissimo del mio offro al pubblico", dice l'Autore. "Tentai per ardito esperimento di essere oratore o vate ancor io... Conobbi nell'arduo cammino quali fossero le regole di vôto lusso magistrale, o quali quelle che contengono teorie fondamentali appoggiate al buon senso. Quindi come ape, mi proposi di sceglier da tutte il più bel fiore".

Ecco la materia che vi è trattata, poiché la semplice indicazione di essa può bastare a provarci che siamo ricascati nelle vecchie teorie trite e false od inutili.

Nel lib. I: Origine delle lingue volgari: lingua italiana — Eloquenza italiana — Del sublime — Del bollo — Del gusto: modo di acquistarlo o di perfezionarlo: modelli che corrispondono al gusto universale — Del genio — Degli ornamenti del discorso, ossia delle figure — Dello Stile, e sue qualità generiche — Stile epistolare — Stile di dialoghi — Stile didascalico — Stile istorico — Stile oratorio — Stile di novelle, e romanzi.

Nel lib. II: Della poesia — Della poesia descrittiva — Della poesia

---

[301] Non mi è riuscito di vedere che l' ediz. del 1819, fatta a Napoli, Stamp. del Giorn., delle Due Sicilie, (di pp. VII-199 in 16, e non ne conobbe una anteriore il Sacchetti-Sassetti. Ma quella del 1813 è nota al Ficorilli (p. 21 e p. 108), il quale cita una lunga recensione che dell'opera fu fatta nel *N. Giorn. Dei Letterati*, 1828, a. 38, pp. 131-138, n. 40, pp. 17-34, n. 41, pp. 124-145.

pastorale – Della poesia lirica – Della poesia didascalica – Della poesia epica – Della poesia drammatica – Della tragedia – Della commedia – Del dramma musicale: della favola pastorale del dramma sentimentale.

"Quanto alla materia" dice un recente critico "in gran parte non si tratta che dei soliti precetti letterari, ma tuttavia è notevole nell'autore la erudizione vasta e la cognizione sicura che mostra d'avere di tutti i capolavori dell'arte antica e moderna, nostrana e in parte straniera"[302]. Curioso è quello che soggiunge lo stesso critico: " Se, come vasta la erudizione, avesse avuto egli profondo il giudizio, corretto il gusto e squisito il sentimento artistico, avrebbe potuto far opera eccellente". Se non l'avesse scritta il Ricci, ma un altro, l'opera poteva anche essere eccellente. Disgraziatamente però, la scrisse il Ricci; il Ricci, disgraziatamente, diede l'avviata a questo nuovo lungo inglorioso periodo dell'insegnamento della letteratura nella università.

"L'opera, pur troppo – è sempre lo stesso critico, – contiene osservazioni, precetti e regole che sono, come ho detto, le solite"[303]. Dopo il Marinelli, si torna un'altra volta a dire, p. e: "Che sia negletta la trina unità drammatica, colla quale si pretende che in Teatro una sia l'azione, uno sia il luogo, uno il protagonista, ecc., non si può concedere senza smentire l'arte e offendere la verisimiglianza".

"Quando era professore di eloquenza a Napoli" – scrive un altro critico recente, il quale ha fatto una lunga

---

[302] Questa cognizione è specialmente dimostrata nella 3ª ediz. del libro, Rieti, 1828, in 2 voll., dove i precetti sono accompagnati da copiosi esempi di classici. E a questa 3ª ediz. è aggiunto qualche nuovo capitolo; ma non ha più che fare con la storia di cui ci occupiamo, dell'insegnamento della letteratura nell'università.

[303] Ficorilli, p. 108.

analisi di questa *Vulgare Eloquenza*[304]) — "il Ricci comprese bene di non poter mai adempiere il suo debito che seguendo le traccie degli antichi maestri, e in ispecie di Aristotile. Peccato che non l'avessero compreso, né bene né male, né il Marinelli né il Cuoco!

Partito che fu il Ricci, alla cattedra si dové provvedere per concorso. Fu il primo concorso per questa disciplina. Il 12 marzo 1816 furono pubblicati i nuovi *Statuti per la r. Università degli Studi del Regno di Napoli*[305]rimasti immutati fino alla fine del Regno stesso. Questi statuti mantennero la facoltà di "filosofia e letteratura" e in essa la cattedra di Eloquenza e poesia latina, aggiungendovi — in una sola cattedra — la letteratura; e all'eloquenza italiana del 1811 sostituirono la "letteratura italiana"[306]. Ma fu solo un cambiamento di nomi; e la sostanza rimase quella. Gli statuti prescrivevano il concorso per l'elezione dei professori (art. 50). Si ricordi come seccò la cosa al Galluppi, quando nel 1831 volle entrare all'insegnamento universitario[307]. Il concorso si faceva nella stessa università, sotto la sorveglianza del presidente della commissione della P. I. o del rettore dell'università. Da un trattato delle materie sulle quali versava l'insegnamento, a cui si doveva provvedere, si *prendeva a caso, o si ricavava* un quesito, che uno dei professori della facoltà, delegato dal decano,

---

[304] Sacchetti-Sassetti, pp., 31-40. Questi addirittura conclude che l'opera "si poteva considerare come un eccellente *Corso elementare di lett. italiana*".

[305] *Collez.*, cit.. I, 424 sgg.

[306] Novità notevole fu l'istituzione di ima cattedra di "Principii generali della Storia", la quale però non fu subito coperta. Il titolare G. Mazzarella non v'insegnò niente che avesse valore. Vedi le sue *Lezioni sulla scienza della Storia*, Napoli, 1854; e quello che di lui e del libro ho detto nelle mie ricerche Dal Genovesi al Galluppi, Napoli, ed. della *Critica*, 1908. pp. 207-8 in nota.

[307] *Dal Genovesi al Galluppi*, p. 222.

avrebbe proposto a' concorrenti; i quali dovevano tutti commentare e risolvere lo stesso punto o quesito in latino: raccolti tutti in una sala, col permesso di consultare i libri che avessero portato seco: di che per altro dovevasi fare particolare e distinta menzione negli atti del concorso (art. 51-53). Del concorso, che sulla fine del 1817 o al principio del '18 si fece per la letteratura italiana, chi lo vinse, ossia il canonico Michele Bianchi, che dal 1832 al '35 ebbe tra i suoi scolari L. Settembrini, raccontava, dopo tanti anni, com'era andato; e il Settembrini nelle *Ricordanze* ce ne ha lasciato memoria.

"Prima del 1820 quando s'ebbe a fare il professore di letteratura italiana nell'Università., si presentarono al concorso parecchi, fra i quali il Puoti e il poeta Gabriele Rossetti. Il tema fu: scrivere un commento italiano ad un sonetto del Petrarca, ed una dissertazione latina sopra non so qual secolo della nostra letteratura. La benedetta dissertazione latina decise il merito. Il Bianchi, professore in un collegio, avendo abito e facilità di scrivere in latino, poté dire agevolmente tutto quello che sapeva, dove che gli altri, più o meno impacciati dalla lingua, dissero meno di quello che sapevano: onde giudicati imparzialmente su gli scritti, il Bianchi ebbe il primo luogo, e l'ultimo toccò al povero Rossetti, che fece qualche errore di grammatica, tutto che avesse quell'ingegno e quella beata vena di poesia"[308].

Al canonico Ciampitti, — che tirò innanzi nella Eloquenza poesia e letteratura latina fino al 1832, anno della sua morte[309] — si venne, dunque, ad aggiungere il canonico

---

[308] *Ricordanze*, Napoli, Morano, 1881, pp. 79-80.

[309] La sua cattedra fu coperta da un altro canonico, don Niccola Lucignano, nel 1835. l'almanacco del 1834 la dà ancora come vacante. Il concorso, a cui

Michele Bianchi[310]. Al quale toccò subito di comparire in una pubblicazione ufficiale dei professori dell'università.

Sulla fine del 1818, Ferdinando I ammalò mortalmente, e, il Colletta, non sospetto, ci dice che "palpitarono a quel pericolo i Napoletani più accorti, per sospetto che il figlio mutasse in peggio gli ordini civili; giacché, tenuto proclive al male, avverso alle blandizie di governo, intimo amico del Canosa (...). Ma quei guarì, ed ebbe feste sacre e civiche, dove i migliori ingegni rappresentarono l'universale contento con rime e prose, in grosso volume raccolte"[311]. In questo volume *Pro recuperata valetudine Ferdinandi I utriusque Sic. Regis Archigymnasii Neapolitani officium*[312], miscellanea di scritti gratulatori ed elogiativi in italiano, in latino, in greco e in ebraico, come il Ciampitti mise un'orazione latina, e B. Quaranta, professore di archeologia e letteratura greca, un Λογός (seguito però dalla relativa traduzione), il Bianchi inserì una notevole *Orazione* italiana, oltre un *Carmen* latino, un *Epigramma* greco e alcuni altri distici latini. Dico notevole, perché non è una filza di vuote adulazioni: ma un buon riassunto di tutto il bene realmente fatto da Ferdinando. Degno ancora di esser letto è quello che vi si dice dei provvedimenti e delle riforme relative alla P. Istruzione, durante il regno di Ferdinando. Tutte le orazioni di questo tempo, a giudizio dell'Ulloa, che fu scolaro, credo, del

---

prese parte anche Carlo De Sanctis, zio di Francesco, è ricordato nella *Giovinezza di F. de Sanctis*, pp. 66-70, con alcuni gustosi particolari.

[310] Il primo *Almanacco di Corte*, tra quelli da me potuti vedere, che porti il nome del Bianchi, come titolare della cattedra di letteratura italiana è quello del 1820, p. 485.

[311] *Storia*, lib. VIII, cap. II, § 40.

[312] Pridie Id. Januari An. MDCCCXIX, Typis Josephi M. Porcelli, di carte 57 (num. nel solo *recto*) in-f. Pubblicazione di lusso.

Bianchi, rappresentano un periodo di transizione dalla licenza precedente alla tirannia del purismo; ed egli reca ad esempio questa del Bianchi *"où d'incontestables mérites couvrent quelques défauts, et font de l'òraison entière une œuvre remarquable. Le style est clair, rapide, parfois incisive, et. entraîne le lecteur. Comment n'être pas frappé des observations et des faits qu'il presente rapidement, attestant l'étroite relation de la criminalité et de l'ignorance? Il a su toucher avec convenance, avec retenue, à toutes les phases historiques de l'époque précédente, qui sous la plume d'un autre écrivain auraient pu être difficilement traitées"*[313].

Dei difetti di stile notati in questo discorso, il Bianchi si sarebbe liberato nelle sue *Istituzioni*, dove all'Ulloa pare di scorgere uno stile più *puro*, più *paziente* e più *elaborato*, e *teorie di buon critico.*

E l'altrove[314], dopo aver ricordati gli *Elementi di belle lettere di Cristoforo Mazzogatti*, e *L'Arte del dire* di Vito Fornari: *"Mais —* soggiunge, — *c'est l'ouvrage du chanoine Michele Bianchi qui dépasse tous ceux qui écrivent dans le but ordinaire de dicter eos leçons de réthorique"*. Il Bianchi era stato uno dei letterati la cui stima o benevolenza avevano incoraggiati i lavori della sua prima giovinezza, e l'Ulloa lo trovava *"tel qu'il était dans son ouvrage"*[315].

Giacché, come insegnante dell'università, aveva quasi un obbligo di pubblicare le sue istituzioni[316], nel 1832

---

[313] *Pensées*, cit., I, 322 e 323. L'Ulloa riferisce anche un tratto dell'orazione.

[314] *Pensées*, II, 335.

[315] Notava tuttavia che, anche nelle Lezioni, *"les mots ne sont souvent que des clous rivés à tête d'or"*.

[316] L'art. 70 degli *Statuti* del 1816 diceva: "Ogni professore quando non abbia ancora stampato le sue istituzioni o trattati, dovrà fare un elenco delle materie che insegnerà, il quale al principio dell'anno scolastico dovrà affiggere alla sua cattedra, acciò il sostituto, o raggiunto, e gli scolari

egli dié in luce le *Lezioni di belle lettere ad uso de' giovanetti*[317], di cui così rende ragione nella prefazione :

Da che presi a dettare le mie lezioni nella cattedra di Lingua e letteratura italiana fui sovente richiesto d'indicare l'opera di cui mi giovavo all'uopo. E poiché fu da me risposto avermi io compilato che che mi occorreva per l'affidato insegnamento, si chiese e s'insistette, anche da persone autorevoli, che divulgossi per le stampe que' divisamenti riputati adatti e buoni a formare il gusto letterario de' giovanetti studiosi. — Lasciai nondimeno trascorrere molti anni prima che m'inducessi a secondare simili desiderj e premure. Ma infine il pensioro che avrei potuto recare alcun utile agli alunni delle lettere vinse il mio ritegno. E così dalle lezioni scritto per la cattedra mi feci a tórre quel tanto, che nel corso di un anno o poco più potesse nelle scuole insegnarsi.

Più che lezioni, esse sono brevi dissertazioni non bene strettamente connesse tra loro. La prima *Sull'origine e sulle vicende dello lingua italiana* è una breve storia della lingua dalle origini fino alle polemiche contemporanee tra i puristi e gli antipuristi, e combatte cosi le affettazioni arcaiche degli uni, come le esagerazioni e la scioperataggine degli .altri, il Bianchi, che era uomo di non grande levatura, ma di molto buon senso, preferisce attenersi al giusto mezzo. Segue un *Cenno sul Bello e sulle varie sue forme*, che non contiene die vacue trivialità sul povero Bello, distinto, "per conto della natura" in sensibile, intelligibile e morale, e "per conto degli oggetti," in generale, particolare e convenzionale. L'*Orator* e il *De oratore* di Cicerone fanno le spese dell' erudizione estetica

---

possano esser preparati pe' rispettivi esercizi".
[317] Vol. I, Napoli, Criscuolo, 1832. Nel 1833 uscì il 2° volumetto.

del Bianchi. Quindi, dopo un capitoletto sul *Sublime*, si succedono queste altre dissertazioncelle, di cui basterà il titolo: *Influenza delle lettere nella civiltà e nella morale dei popoli – Analisi delle qualità necessarie ad ogni parlare cotlo. – Rettorica ragionata per le varie sue parti e Poetica ragionata per li suoi rami diversi.* Queste ultime tre parti sono la materia del secondo volumetto.

Su per giù è la stessa materia della *Vulgare eloquenza* del Ricci, trattata con minor calore e minore sfoggio di dottrina, ma con più buon senso. *Aurea mediocritas*: ma molto mediocre e poco aurea!

A che, del resto, affannarsi a salire in regioni più elevate per quello scarso uditorio che aveva il canonico Bianchi?

Eravamo ascoltatori soliti – ricorda il Settembrini – un quattro o cinque giovani... Il Bianchi ragionava con noi, come con amici, e soltanto quando ci capitava qualche sconosciuto faceva un po' di diceria distesa. Non usava come gli altri professori, che come scoccava la mezz'ora rompevano a mezzo il discorso, ma s'intratteneva con noi lungamente, e ci diceva molte belle cose, e finita la lezione lo accompagnavamo per buon tratto di via, e seguitavamo a ragionare. Quando era io solo con lui, egli usciva alla politica, parlava de' tempi trascorsi, di molti uomini, di molti avvenimenti, e ne giudicava con senno severo: e se parlava di quella che egli chiamava casta pretesca, non sapeva frenare lo sdegno, e diceva: «È nemica di Dio e di Cesare: fu, è, e sarà principale cagione della servitù d'Italia. Credete a me che conosco quali visi si nascondono sotto quelle maschere»[318].

---

[318] *Ricordanze*, 1, 77. Sarà stato come dice il Settembrini un prete liberale, ma alla

Insomma " era egli, — come soggiunge il Settembrini stesso, — un uomo ohe bisognava guardare da vicino, e allora lo stimavi e lo amavi. Poco eloquente, di maniere modeste, un po' pedante, ma dotto assai, liberi sensi, gran bontà di animo". Il Settembrini ci dice che ogni volta che si partiva dal Bianchi, egli aveva imparato qualche cosa; e che però la sua memoria gli era cara e onorata. Egli fu, che letti con piacere e lodati due primi scritti del Settembrini, li fece vedere a monsignore Colangelo, pregando costui di proporlo come professore in un collegio. E poiché il Colangelo rispose che quelle cattedre si davano per esame, fu il Bianchi che spronò il Settembrini all'esame, e fece, quindi, di lui un professore. Non avesse fatto altro, per amore del Settembrini destinato a salire quella cattedra stessa di letteratura italiana, il buon canonico meriterebbe il nostro ricordo e la nostra simpatia.

Ma la vera e viva scuola di letteratura non era allora nell'università in Napoli. Lo stesso Settembrini rammenta che "mentre nell'università il Bianchi leggeva agli scanni e a quattro studenti, il marchese Basilio Puoti aveva in sua casa una fiorita scuola di lettere italiane, dove convenivano

---

Gioberti: perché teneva allo glorie e benemerenze della Chiesa, e quando nel 1825 pronunziò la sua *Oratio in solemni studiorum instauratione* (a Michaele Bianchi Palatinae Ecclesiae Canonico et Litteraturar Italiecae Professore in R. Archigymnasio Neapolitano habita, s. d., di pp. 24 in-4°) tolse a discorrere "*quam bene de humauitate vel ideo meruit catholica religio, quod ad excolendos a barbarie per Europam bonis artibus animos plurimum contulit*" (p. 5). Un'altra orazione inaugurale lesse nel dicembre 1843: De litterarum efficientia in animis mentibusque egregie formandis, Neapoli, Cuomo, MDCCCXLIII, di pp. 20, in-4. Il discorso è tutto nel titolo. — Di lui è pure a stampa l'opuscolo Alla Consulta de' Reali dominii di qua dal Faro, ragguaglio della Memoria umiliata al Re nostro signore per la reintegrazione del Vescovo di Cajazzo , Napoli, Criscuolo, 1831 (di pp. 24 in-4°): ma non ha nessun interesse letterario.

oltre dugento giovani"[319]. E dagli eccitamenti del Puoti a uno studio amoroso degli scrittori, ma sovrattutto dal potente lievito degli studi filosofici promossi dal Galluppi e dal Colecchi con l'esposizione e la critica delle moderne dottrine germaniche, e quindi da quel fervore di pensiero, che dagli scritti dell'eclettismo francese, da Hegel, da Vico attingeva materia di speculazioni non più tentate o motivo a una trasformazione filosofica degli stessi studi letterari, eromperà la prima scuola di F. De Sanctis, quale ci è rappresentata nel libro della sua *Giovinezza*. Il movimento iniziato da Marinelli e da Cuoco, e subito arrestatosi, sarà, ripreso per virtù di una mente geniale, che creerà la critica e quindi la storia della letteratura italiana: il contenuto più razionale dell' insegnamento di cui ho narrato i timidi inizi e il primo incerto svolgimento.

Michele Bianchi insegnò fino al 1853. Nell'*Almanacco di corte* dell'anno seguente comparisce come professore emerito; e per la cattedra rimasta vacante di letteratura italiana non c'è che un sostituto: Stefano Lombardi, che nel 1831 aveva pubblicate alcune *Odi di Q. Orazio Flacco recate in versi italiani*[320] (20 odi scelte dai quattro libri e 2 epodi): "lavoro rapido e incompleto, dice l'Ulloa, ma che rivela nel traduttore un bel talento di traduttore"[321]. Nel 1854 appunto diè allo stampe una canzone *Alla Maestà di Ferdinando II.*

---

[319] *Ricordarze*, I, 79.

[320] Napoli, tip. del Sebeto, 1831 pp. 79 in-16°. Nella prefazione l'A. dice: "Dette *Odi* non andarono esenti di applausi, cosicché mi son reso ardito a farne dono al pubblico colle stampe. Che se ora che al giudizio degli occhi fedeli son elleno sottoposte, pari applausi, benché del pari infruttuosi, mi arrecheranno, io mi reputerò fortunato". Dové aspettare un quarto di secolo a cogliere il frutto?

[321] *Penseés*, II, 172.

Nel 1850 il 6 marzo era stato pubblicato un nuovo *Decreto col quale si modificava l'organico della r. Università degli Studi, di Napoli*[322]; onde l'università, divise le scienze fisiche dalle matematiche, veniva a scomporsi in sei facoltà anziché in cinque, come nel 1816, e nella facoltà di "Belle Lettere e Filosofia l'Archeologia e letteratura greca di prima si mutava in "Lingua e archeologia greca", l'Eloquenza, poesia e letteratura latina in "Eloquenza, poesia ed archeologia latina". Le due letterature classiche erano dunque bandite: né rimasero più i Principii generali della Storia. Ma la letteratura italiana rimase intatta.

Stefano Lombardi è ancora sostituto nel 1855. Nel 1856 o 1857 il Bianchi dev'essere morto. Perchè, nell'Almanacco del 1857 non c'è più il suo nome come di professore emerito. E la sua cattedra ha per titolare don Geremia Romano, e sostituto sempre il Lombardi. Doveva esser morto anche il Lucignano, a cui successe, don Gennaro Seguino.

Il Romano credo sia stato l'ultimo professore di letteratura italiana dell'antico regime. Chi era costui? Un Carneade come il Lombardi: e la sua oscurità non è senza significato in questo tramonto della vecchia cattedra con l'ordinamento che la sorreggeva. Di lui non ho trovato che alcune osservazioni *Sopra un pezzo d'avorio dorato esistente nel R. Musco Borbonico in Napoli* (dove si dà appunto per regio professore) pubblicate nel 1858 [323] : memorietta archeologica bene scritta, con erudizione e non senza spirito. Ricorderò infine il primo ordinamento che, dopo la caduta dei Borboni, fu dato all'università con decreto del

---

[322] *Collez.*, cit., IV, 25-8.

[323] [Stamperia del Fibreno] di pp. 16 in-10. Misc. 180. 1 della Bibl. Naz. Di Napoli.

prodittatore G. Pallavicino, dal ministro R. Conforti, il 16 febbraio 1861. Alla Facoltà di Filosofia e Lettere, oltre la letteratura italiana, la latina, la greca fu data una "Storia della letteratura". A questa venne sostituita nella successiva legge di P. E. Imbriani del 16 febbraio 1861, la cattedra di "Letteratura comparata,".

Chi dopo il 1861 abbia insegnato dalle due cattedre di Letteratura italiana e Letteratura comparata, e che cosa sia stato insegnato, è noto a tutti. Luigi Settembrini fu nominato per la prima il 24 ottobre 1861[324]. Per la seconda fu nominato il De Sanctis nel 1863; ma non la coprì che, per quattro anni, dopo che ve l'ebbe richiamato un decreto del 15 Ottobre 1871[325].

---

[324] Sul Settembrini v. Torraca, *L.S., Notizia*, Napoli, Morano, 1877.

[325] Croce, pref. al vol. F. De Sanctis, *La letter. ital. nel sec. XIX*, Napoli, Morano, 1897; e Torraca, *F. De S. e la sua seconda scuola*, nel periodico *La Settimana* del 7 dicembre 1902.

APPENDICE

I.

L'Angiola

Capitolo serio-burlesco

di

Francesco Vespoli[326]

1 Donn'Angiola Cimina era una donna,
ch'eccetto quando stava ignuda in letto,
Come ogni altra portò sempre la gonna.
4 Sol piacevale andar col busto stretto,
Onde poi vogliono i contemplativi,
Che le venisse l'asma e 'l mal di petto.
7 Benché da certi cicisbei corrivi,
Che fur della buon'anima divoti,
Ma d'ogni di lei grazia, e favor privi;
10 Dico da certi poetuzzi ignoti,
Pieni di boria e di presunzione.
Senza creanza, e di scienza vuoti,
13 I quali entro l'Angelica magione

---

[326] Da una copia esistente in un volume miscellaneo ms. posseduto dalla Soc. nap. di st. patria (XXII, c. 12) da carta 10 a c. 21. Nello stesso volume precede un "Capitolo di D. Francesco Vespoli sopra il Conio alemanno" — anch'esso in terzine; diretto contro il partito degli austriacanti rimasto in Napoli dopo la conquista borbonica. *L'Angiola* consta di 300 versi. Ne pubblico la parte più interessante per la conoscenza della società vichiana.

Andavan sol per essere stimati
Uomini savj e d'erudizione:
16 Benché da certi cotali accennati
Si dica, che patì Sua Signoria
La *Marchesana* il mal de' letterati.
19 Cioè d'ostruzione e d'eticìa:
Mal, che vien per lo studio, e 'l meditare
O maledetta, o brutta malattia!
(...)
40 Dico adunque così primieramente:
E certo, che le donne per natura
Son tutte sceme, e deboli di mente;
43 Sembrano nell'estrinseca figura
Più perfette dell'uomo, e più capaci,
Non che più vaghe, e belle di fattura.
46 Ma con ragioni chiare ed efficaci
Il contrario si prova dagli antichi
E moderni filosofi veraci.
49 E, senza che in recarle m' affatichi,
L'esporienza mastra delle cose
Te 'l fa vedere, e par che te lo dichi:
52 Pajon le donne a noi meravigliose
In bellezza, in savere ed in valore,
E tutte l'opre lor miracolose,
55 Quando c'entra per esse un po' d'amore.
Questo è quel che ci fa poi travedere.
Quest' è cagione d'ogni nostro errore.
(...)
61 Nè mi stia a dir Platone l'ideate
Specie dell'amor suo ; chè da lui quelle
Per ingannare il vulgo fur trovate.
64 Virtude e amore, uomini e donne belle,

Che star possano insieme, e senza alcuna
Malizia praticar elli con elle,
67 Aristotile il nega, ed a quest'una
Opinion del suo maestro assegna
Il concavo profondo della luna.
70 Sapea, che il senso la ragion disdegna,
E che venendo insieme a competenza.
La ragione va fuori, e 'l senso regna.
(...)
76 Io non intendo entrar nell'altrui messe,
Ma dico sol, che non mi meraviglio
Di certe decantate poetesse.
79 E senza che ad alcuna io dia di piglio,
Si sa, ch'ogni lor parto o fu supposto,
O vi pose qualch' uom parte e consiglio.
82 Che intenda provare a tutto costo
il nobil *Doria* in un volume intero
Sebben la giunta strugga il fin proposto[327].
(...)
118 Intanto il Vico stralunato e smunto
Colla ferola in mano e 'l Passerazio[328]
N' appella, e vuol ch'io torni al primo assunto.
121 Ei, che suol porre alle parole il dazio,

---

[327] Accenna ai *Ragionamenti tre ne' quali si dimostra la donna in quasi che tutte le virtù più grandi non essere all'uomo inferiore*, pubbl. da P. M. Doria nel 1716. Dal Doria e dal Vico (come narra questi: *Opuscoli*, ed. Pomodoro, p. 150-1) la Cimini fu iniziata alla filosofia. E di P. M. Doria c'è pure un sonetto per la morte della Cimini, nella raccolta qui appresso citato (p. 129): come molte poesie a lui indirizzate sono tra le *Rime scelte* di Gh. De Angelis (con pref. del Vico) Firenze, 1730, *passim*.

[328] Jean Passerat (1534-1602) maestro d'umanità, autore de' *Commentarii in Catullum, Tibullum et Propertium* (Parisiis 1608), gran repertorio di erudizione filologica latina, e di altre opere di minore importanza.

Nella *Raccolta* fatta a onore e gloria
Della signora, ha posto un gran prefazio[329].
124 Lo qual non so, s'è calendario, o storia.
Se Avvisi[330], o pur Relazione nova.
Se carta scritta per farno baldoria.
127 Ivi il *Soave-Austero*[331] si ritrova
Ch'è l'acro-dolce, che sa fare un cuoco,
O l'Irco-cervo, ch'in sua mente cova.
130 V'è dell'arte rettorica ogni loco;
E 'l tanto a lui diletto paradosso:
"Chi più ne legge, più n'intende poco".
133 Ivi vuol comparir da gran colosso,
Ma vi si scuopre im piedestallo basso
E reo s'accusa, allor che fa il Minosso.
136 *Orazion* la chiama il babbuasso.
Ma è lunga, e sciocca sì, che non la puoi
Leggere, senza dir più volte: ahi lasso!
139 Com'è possibil ch'egli non t'annoi

---

[329] L'*Orazione in morte di Angiola Cimini Marchesana della Petrella* , che il Vico inserì nel vol. *Ultimi onori, di letterati amici in morte di A. C.* etc..,Napoli, Mosca. MDCCXXVII, pp. 12-55. Cfr. Croce, *Bibliogr.*, p. 1 7. Citerò la ristampa che è negli *Opuscoli* della ed. Pomo doro (vol. VI delle *Opere*). Ma noto qui l'errore commosso dal Villarosa sua ed. degli *Opuscoli*, I, XXII-XXIII) e ripetuto dagli editori successivi (v. ed. Pomodoro, pp. 148-9) per non aver capito (il Villarosa se ne dovette accorgere troppo tardi) che la nota fatta dal Vico a un certo punto' dell'orazione, doveva nella ristampa incorporarsi nel testo, essendo essa una correzione e un'aggiunta. Vedila tra le "correzioni" innanzi al vol. *Ultimi onori*.

[330] Vecchie gazzette.

[331] Sul principio della sua orazione, il Vico ne accennava quasi il tema, dicendo che la Cimini "a tutti i saggi uomini che ebbero la sorte di conoscerla e riverirla, fece intendere i tempi più colti della gentilissima Atene; siccome quella che fu loro il grande esempio della rara difficil tempra onde si mesce e confonde il soave austero della virtù" (p. 141). Con identiche parole l'orazione si chiude; e il *soave-austero* vi ricorre spesso tra mezzo.

Con quel Proemio vecchio, e riscaldato,
E colle cose che seguon dappoi?
142 Precise quando del di lei casato
Fa la descrizione, ed a minuto
Narra la vita, e 'l transito beato.
145 Quando ci fa veder *l'applauso muto*,
Ch'essa facea sporgendo *il petto in fuori*
O con un giro d'occhi il *bel rifiuto*;[332]
148 Quando la di lei *collera* egli onora
Col titolo d'*eroica*, e dietro a lei
Cesare allega, ed *Alessandro* ancora[333].
151 Quando abortir la fa ne' *mesi sei*,
E piagne gli campioni iti sotterra
Ch'eran, Dio buono! tutti maschi, e bei[334].
154 Quando la fa veder *distesa in terra*

---

[332] Vico racconta che, nei trattenimenti letterari soliti in casa della Cimini, "ella al dirsi le cose degne di applauso applaudivale o con un leggiadro movimento del dilicato corpo, il casto petto sporgendo in atto come di chi incomincia a levarsi da sedere, o con un soave giro de' suoi bellissimi occhi in verso il cielo; (...) a' quali atti i riguardanti ammiravano in lei e l'acutezza dello 'ngegno e la gravità del giudizio, e sopra tutto la somma modestia , con la quale si guardava di parere intendente col non professando d'intendere, o vero di sembrar saggia col non diffinitivamente approvare" (p. 152).

[333] Parlando del temperamento collerico di Angiola, Vico avverte che la sua era collera " ragionevole e generosa e quale appunto a donna di eroica virtù convenivasi (...) Fin dalla sua più tenera età questa nobil fanciulla diede pur troppo gravi segni di tal collera eroica" (p. 144). E diede saggio insieme " di eroica virtù, di quella specie onde lasciarono di sè tanto mondano romore i Cesari e gli Alessandri" (p. 145).

[334] La Cimini morì a 27 anni per male cagionatole da parto prematuro; ché "la collera virile — dice Vico — di che ella abbondava. depredando l'umidore che facevale mestieri per nudrire i feti già fatti grandi, fece per mala sorte che tutti nel sesto mese, funesto da' medici giudicato , ella facessegli aborti" (p. 154). E l'ultimo le fu fatale. — Ma Vico non parla dei " campioni" della satira.

Battere il capo al duro pavimento:[335]
O 'l gran fatto ! O 'l malanno che l'afferra!
157 E questo detto sia per compimento
Di tutta l'opra di sopr'accennata
Di questo arcipedante pien di vento.
160 Ond'io non so capir, dove appoggiata
Sia la gran lode, che no fa il *Sostegni,*
Con che, se non è burla, è una frittata[336].
163 Cesare Augusto, ch'ebbe tanti regni.
Che piantarvi i confini gli convenne
E porvi ancor del *non plus ultra* i segni;
166 Nipote al zio, che vinse, vide e venne.
Pur quando si parti per l'altra vita,
Tal onor da' vassalli non ottenne,
169 Qual D. Angiola nostra, poiché gita
Al Ciel se n' è, da' *Letterati Amici*[337]
Ha per tributo, come lor favorita.
172 E siccome gli Orfei per l'Euridici

---

[335] Vico, facendo la storia della *collera eroica* della Cimini, ricorda pure, che bambina "ove mai non era ella compiaciuta di un qualche suo fanciullesco talento, si crucciava a tal segno, che, gittatasi lunga a terra, tutta vi si affligeva, fino a percuotersi sul duro pavimento il tenero capo" (p. 144).

[336] Nella *Introduzione* di Roberto Luigi Sostegni, canonico regolare lateranense, agli *Ultimi onori*, si dice (p. 10) l'*Orazione* del Vico "sublimissima" e che per essa "si scorge, poter l' Italiana Eloquenza ascendere a quell'altezza a cui la Greca e la Romana pervenne, qualora l' istessa morale, e civil sapienza (...) l' invigorisca e sostengala". Un sonetto del Sostegni al Vico (Opusc. p. 312) finisce: *O chiaro Vico, o sol pari a te stesso.* Nello stesso vol., p. 89, un sonetto del De Angelis dice:

> *E basta poi per simulacro eterno*
> *Di sue virtudi, e d'altri pregi eletti.*
> *La prosa del divin Vico e Roberto!*

[337] Il Vico nella perorazione della sua orazione: " Letterati amici, che con uguale ossequio la onoraste e la riveriste" ecc. (p. 156). Ma la frase è già nel frontispizio della Raccolta.

Si mostrar grati, ed i Petrarchi e i Danti
Per le loro Laurette e Beatrici,
175 Così per lei si veggon tanti e tanti
Nostri partenopei cigni canori,
Che non v'ha qui de' frati zoccolanti.
178 Vi son poèti, medici e dottori,
Plebei, civili, dame, e cavalieri,
E laici, e cherci, anco predicatori.
181 E congiunti, e paesani, e forestieri,
E buoni, e tristi, ed ottimi, o mezzani.
La maggior parte innamorati veri.
184 Non altramenti che al carname i cani.
Sono accorsi costoro a tal impresa;
E Dio il voglia, non vengano alle mani.
187 Nacque da precedenza la contesa
Tra quei che furo ammessi alla *Raccolta*,
Ma poi tra lor s'è nova briga accesa:
190 Cosa, che ha posto la città in rivolta,
Talché *hinc inde* vi son forti partiti,
E se non sai il perche, di grazia ascolta:
193 Un tal Gerardo, ch'ora gli eruditi
Della scuola d' Ulloa[338] scrivon Gherardo,
Giovine d'anni ventidue compiti[339],
196 Piccolo di statura, ma gagliardo.
Di bocca grande e di naso canino,
D'occhi che ti spaventan collo sguardo:

---

[338] L'avv. Niccolò Ulloa-Severino, che scrisse una canzone per la Cimini (*Ult. onori*, p. 122) e al quale è indirizzato un sonetto nel Quarto libro delle *Rime* del De Angelis, p. 50. Chi legge la canzone di quest'Ulloa per la Cimini, tutta affettature arcaizzanti, intende la punta satirica del Vespoli. N. Ulloa-Severino pubblicò un vol. di *Lettere erudite*, Napoli, 1699.

[339] Infatti Gherardo De Angelis era nato ad Eboli (prov. Salerno) il 16 dic. 1705. Vedi la sua biografia nelle note del Villarosa agli *Opusc.* di Vico, II, 337-342.

199 Di viso magro, giallo e saturnino,
Col mento fesso, e un po' rivolto in suso.
Bello come la statua di Pasquino,
202 Veste di negro da paglietta all'uso,
Cammina alla carlona, e sempre astratto,
Parla da vecchio[340], e scrive assai confuso.
205 Vogliono alcuni che sia mezzo matto;
Io credo che sia tutto; e testimonio
N'è quanto ha scritto, ed anche il suo ritratto.
208 Or egli, che al comporre è un gran demonio.
Vo dir che spaccia versi anco dormendo.
Per grazia special di Sant'Antonio:
211 Improvisante più del reverendo
Quondam Fanelli e del *Siciliano*,
Gli or ha nel Molo un concorso stupendo:
214 L'ha fatta alli compagni suoi di mano.
Col libro, ch'ha stampato in questo mese:
Azion veramente da villano!
217 Azion, che non ha scuse o difese,
Azion di lui degna e di suoi pari,
Azion da scriverla al paese,
220 Dove i nobili sono i bufalari,
Paese di mal aria e mal costume.
Buono bensì per pascervi i somari;
223 N'era Priapo il protettore e 'l nume,
Or *Eboli* si vanta aver costui.
Che 'n istampa gli ha dato onore e lume.
226 Ma ritorniamo all'azion di lui,

---

[340] Potrebbe esservi un'allusione contro l'epigramma, che nel 1725 il p. Sostegni
aveva apposto al ritratto del De Angelis. nel 1º vol. delle sue *Rime toscane*:
Adspicis hunc quarto vix dum pubescere lustro?
Perlege, dispeream ni tibi Nestor erit.

Ch'io non vorrei, col troppo andar vagando,
Tirarmi addosso la censura altrui.
229 Il fatto è come siegue: Allora, quando
Nella *Raccolta* dagli amici s'era
Di Lei detto il più bello e 'l più ammirando;
232 Anzi *Gerardo* in mezzo a quella schiera
Contribuito avea la maggior parte[341].
La qual potea passar per lode intera:
235 Volle egli solo poi farla da Marte.
Ed ecco presto presto ha dato in luce
Su lo stesso soggetto un libro a parte.
238 Per *Quarto* di sue *Rime* lo produce
Senza il *Terzo* d'avanti; e, ad ingrandirlo.
Rime vecchie per entro vi riduce[342].
241 Leggilo, e dimmi poi se puoi capirlo,
E se a me ne dimandi, io ti rispondo.
Che 'n leggerlo mi venne il capogirlo;
244 Gran cose vi vedrai dell'altro mondo,
E ridicoli conti puerili,
E fatti inverisimili in abbondo.
247 Un gran mescuglio di contrari stili.
Improprietà di voci, oscuri sensi.
Componimenti rozzi, e pensier vili:

---

[341] Del De Angelis infatti ci sono una canzone e tredici sonetti (pp. 75-91).

[342] *Angiola Cimina, Marchesana della Petrella defunta nel MDCCXXVI poesia* (sic) di Gher. De Angelis. Firenze, 1728. A pag. 9: "Incomincia il quarto libro de le giovanili rime di Gh. De A., J. C." etc. Nella dedica a D.ª Emmanuela Pignatelli Silva Aragona, l'A. dice: "Sendosi partita da questa terra l'anima benedetta di A. C., santa, e saggia nobile Donna, come a V. E. e per l'Italia si è già noto, dopo aver pubblicata in laude sua la sublimissima *Orazione* il Gran Giambattista Vico maestro mio, e molti altri elevati ingegni che la conobbero, prose e rime, le quali un libro compongono, io tra tutti gli amici suoi e per l'età e per consiglio minore, ho voluto in onor di sì alta memoria, agli uomini che verranno queste poesie tramandare".

250 E barbarismi, o solecismi immensi,
Ed atti di superbia e di dispregio,
E dati ad altri ed a se stesso incensi.
253 E queste cose, che sarian di sfregio
In altri, non che error sommi e notabili,
Sono oggi giorno in lui di stima e pregio!
256 Ma presso chi? Presso cervelli instabili,
O presso pochi, che l'adulan solo
Per farlo andare in tutto agl'incurabili.
259 Gli dicon, che sua fama ha fatto un volo
Sì strepitoso ed alto, che già s'ode
Il nome suo dall'uno all'altro polo.
262 Né s'accorge il meschino, che tal lode
Ha dato al suo profitto un tal tracollo,
Per non aver le basi vere e sode.
265 Io son pronto a giurare e a porvi il collo,
Ch'ancor costui non sa dov'è Parnaso,
Né che sono tra lor le Muse e Apollo;
268 Che se sapesse onde pisciò il Pegaso,
Tante carte sporcato non avrebbe.
Né de' classici autor parlato a caso.
271 In fatti, come suole, ei non direbbe,
Che 'l Bembo, il Casa ed il Petrarca ha vinto.
E che il gran Tasso buono stil non ebbe.
274 O dove sei, gran papa Sisto quinto!
E pur quel tuo poeta una parola,
Per forza della rima a dir fu spinto.
277 Ma il vizio, che s'apprende in detta scuola,
Queste, di morder gli altri, e assiem grattarsi,
Quando cavano fuor qualche lor fola.
280 Procura bensì ognun di segnalarsi
In far meglio dell'altro l'antiquario,

Con voci malagevoli a spiegarsi;
283 Anzi il lor mastro[343] un nuovo dizionario
S'ha fatto di vocaboli a capriccio,
Che non mai registrò il vocabolario.
286 Quindi è che, s'egli scrive, fa un pasticcio
Pieno di fracidume; e, se discorre,
Fa *l'alto-basso*, che suol fare il miccio.

II.

Per le nozze di Tommaso Caracciolo e don Ippolito di Dura.

Sonetto di G. B. Vico[344]

Bench'io mi veggia da quel fato oppresso,
Che l'inginst'odio altrui creò sovente,
E affatto lungi dalla molta gente
Viva, che appena me trovi in me stesso;
Poiché il raro valor dal Ciei concesso
A voi, bell'alme, unisco Amor possente.
Al pubblico piacer mio spirto sente
Disio di riveder l'alto Permesso,
E cantar lieto in dilettosa schiera
Vostro nodo real, gli onor degli avi.
E svelar que' futuri invitti germi.
Poi ricaggio in me stesso, e da mie gravi
Cure sospinto a tornar là dov'era.
Di me, non per mia colpa, ho da dolermi.

---

[344] Dalla raccolta: *Vari componimenti per le felicissime nozze degli eccellentissimi signori D. Tomaso Caracciolo marchese di Casalbore, principe di Torrenova etc. e D. Ippolito di Dura de' Duchi d'Erce, raccolti da Gennaro Parrino e dedicati all'Ecc.mo signor D. Orazio di Dura duca d'Erce,* Firenze, MDCCXXXI, pag. 25. — Di questa rarissima raccolta si conserva una copia nella Biblioteca Villarosa.

III.

Relazione della Segreteria di Stato al re sulla supplica di G. B. Vico pel conferimento della sua cattedra al figlio Gennaro.

Señor

Exponiendo à V. M. Juan Bapt. la de Vico, Historiografo Regio, y Profesor de eloquencia en la Universidad de Estudios, son ya mas rio quaranta años, quo ha servido, y sirve on dicha Universidad la Cathedra de Rectorica, con el tenue sueldo de cien Ducados annuales, quo lo ha servido para el mantenimiento de su pobre familia, hallandose ya en edad muy adelantada agravado y oprimido de muchos achaques, y con especialidad de las angustias domesticas y de la contraria fortuna , por lo que se ha visto obligado à substituir en su legar interinamente en el servicio de dicha Cathedra à su hijo Genaro, mozo de habilidad, y que asta aora ha sabido cumplir con publica satisfacion, suplica à V. M. se digne conferir la propriedad de dicha Cathedra al mismo Genaro, para que despues del fallecimiento del mismo, pueda su pobre familia quedar con algun apoio.

El Capellan Maior representa à V. M. que el sobredicho Juan Bap.^{ta} de Vico es benemerito de la Regia Universidad de Estudios, à la qual con sus doctos trabajos ha hecho mucho onor; por lo que requiere la publica gratitud, que se le atienda; quo siendo el expresado su hijo mozo de habilitud, y portandose ciertamente en el exercicio de su Cathedra con todo aplauso, solo puede ser de algun reparo que la aplicazion del mismo à los tribunales, pueda serie de embarazo, requiriendo una y otra aplicacion, cadauna por si; todo un hombre y la Cathedra de Eloquencia un profundo estudio en los Autores Griegos y Latinos; por lo que le pareze puede V. M. consolar al suplicante: quando haya la certidumbre *de que diche su hijo. dejando la aplicacion à los tribunales, vuelva todo su animo à los estudios de la eloquencia, y à los demàs que son necesarios para ser excelente en tal profesion no facil, y estimadissima.*

IV.

Dispacci per la giubilazione di Gennaro Vico.

1.

Al Cappellano maggiore.

Informato il Re da quanto V. S. I. ha rappresentato con l'ultima sua consulta del 12 del caduto agosto, che al Lettore emerito di Rettorica nella R. Università degli Studj D. Gennaro Vico siano mancati ducati 120 l'anno, cioè ducati 60, che godea come direttore dell'Alta antichità nell'Accademia Regale, ducati 30 pel sostituto che dee mantenere, e per altri emolumenti che gli sono minorati; ha S. M. con suoi sacri caratteri risoluto che gli si dia la giubilazione con l'intero soldo in pensione, e gli emolumenti che ha perduto.
Nel real nome lo partecipo a V. S. I. per intelligenza sua o del ricorrente, e per l'adempimento.
Palazzo, 9 settembre 1797[345].

2.

Alla Segreteria dell'Azienda.

Informato il Re da quanto gli ha consultato il Cappellan maggiore, che al Lettore benemerito di Rettorica nella Regia Università degli Studj D. Gennaro Vigo (*sic*) siano mancati donati centoventi l'anno, cioè docati sessanta elio godeva

---

[345] Arch. Sta. Napoli: *Dispacci dell'Ecclesiastico*, vol. 533, f.º 10 a.

come Direttore del Ramo dell'Alta antichità nell'Accademia Reale, docati trenta per il Sostituto che deve mantenere, e per altri emolumenti che gli sono minorati, ha S. M. con suoi sacri caratteri risoluto, che gli si dia la giubilazione coll'intero soldo in pensione, e gli emolumenti che ha perduti. Lo partecipo di suo real ordine a V. S. Ill.ma, affinché da cotesta Scrivania di razione se ne disponga l'adempimento.

Palazzo, a 9 settembre 1797 = Ford. Corradini = Sig. Principe d'Ischitella[346].

---

[346] Arch. Sta. Napoli: *Ordinario 32: Scrivania di razione*. Lettori pubblici, c. 135 *a*.

V.

Epigrafi di Gennaro Vico[347]

1.

Lirim — Saepe robora cautesque — Et quicquid sibi obstet — Nedum fluitatem scafam — Secum in princeps abripientem - Ac proinde mortem trajcientibus — Minitabundum Ferdinandus IV. — Bono Reip. natus — Optimo consilio — Firmissirni pontis — Quadrato lapide extructi — Patientem effecit — ut qui antea — multos dies inripis haerere — Cogebantur — In posterum — Ejus furorem — Despectantes — Tuto et continuo itinere — Transirent[348].

2.

Utinam — Pie VI Pontifex O. M. — Isthaec tua marmorea effigie — Tuorum in Catholicum Orbem meritorum — Memoria non

---

[347] Traggo dagli autografi posseduti dai sigg. Villarosa queste altre quattro epigrafi di Gennaro Vico per l'interesse storico che esse possono avere, lasciando ad altri di ricercare le occasioni per cui vennero scritte.

[348] Di questa iscrizione si trovano tra le carte di Gennaro altre varianti, ma di poca importanza. [O fiume Liri - Spesso fai attenzione alla tua forza - E qualunque cosa ti ostacoli - Per non parlare della rapidità della nave - Che con sé porta via il principe - E da qui la morte di coloro che lo trasportano - Ferdinando IV degno di onori. - Nato per il bene dello Stato - Con il miglior piano - questo ponte saldissimo - Costruito con una pietra squadrata - Fece il paziente sovrano - in modo che coloro che in precedenza — erano costretti per molti giorni ad aggrapparsi alle corde - Per attraversarlo - Nel futuro - La sua furia - Disprezzando - Su un sicuro percorso e tramite un viaggio continuo - Passeranno].

189

vinceretur[349].

3.

Deus vere Averrunce – Si – Per te clades – Per te calamitates – Avertuntur – Uno ore tuam Fidem imploramus – Adsis dexter, adsis praesens, semper propitius adsis – Et cuncta nobis merito ingruentia mala – Prohibeas. – In Vesuvii – Iam propinqui hostis – Cladem – Subjectis longinquisque – Semper minitantis – Iram cohibes – Qui anno superiore – Annum integrum et plus eo – Quasi ratione et consilio – Sensim ignem in alvo concepit – Paulatim egessit – Eoque levi lapsu – In rivos deductos – Doctus iter melius – Innocuus devolvit - Forsitan uti metu antea tuo nutui semper paruit - Postime consuetudine tuie voluntati votisque nostris obsecundare assuescet[350].

---

[349] [O Pio VI, Pontefice Ottimo Massimo- Questa è la tua effigie di marmo – Per i tuoi meriti verso il mondo cattolico - La memoria non verrà meno].

[350] Credo accenni al "gran miracolo, operato [da S. Gennaro ai 22 di ottobre del 1767], quando nel comparir sul Ponte della Maddalena, la statua d'argento del santo, cessò di botto l'eruzione" del Vesuvio (D'Onofri, *Elogio* cit., p. LXXII). Onde fu collocato sul Ponte stesso la statua del Santo, con la destra alzata verso il vulcano. [Dio veramente gioisce - Se tramite voi i disastri - Sono scongiurati - Con una sola bocca imploriamo la vostra Fede - Tu sei la mano destra, sei presente, sei sempre più propizio - E tutto il male che ci capita, per tuo merito - Proibisci. - Dal Vesuvio - Ormai vicino nemico - La distruzione - Che incombe – Sui sudditi e sui cittadini lontani - Sempre minacciati - Tu controlli l'ira - Che l'anno scorso - Un anno intero e più - Come per ragione e disegno - A poco a poco concepì un incendio nel ventre - A poco a poco poco lo consumò - E con esso una leggera scivolata - Nei ruscelli - È meglio una via appresa – Fluisce l'eruzione senza danno - Forse è sempre stato pronto a usare la paura prima del tuo cenno - Dopo sarà abituato a soddisfare la tua volontà e i nostri desideri].

4.

Regium hoc – Templum Maximum Cavense – Sanctae Dei Genitricis – Elisabetham invisentis Nomine, et tutela augustum – A. D. N. Ferdinando IV.Rege – Jure Patronatus sibi vindicatum An. MDCCLXXVIII – Erigi a solo coeptum An. MDVII – Tum more fatiscens sua refectum An. MDCXXXXIII – Consecratum vero IV Non. Majas An. MDCXXXXII – Terrae dehinc motibus An. MDCLXXXXIIII et An. MDCCXXXI – Labefactum et restitutum – Quum adhuc ultimam manum expectaret – Ordo Populusq. Cavensis – Eadem pecunia publica, quae illud evexit, refecitque – Collata, ut alias a suis Pontificibus – In opus symbola – Absolutum tandem sublaqueavit – Omnique ex parte prisco squalore deterso – Picturis, opereque albario exornatum – In novam hanc splendidioremque formam – Redigendum curavit – An. MDCCCI.[351]

---

[351] [Questo regale edificio - il Grande Tempio della Cava - della Santissima Madre di Dio - in nome della visitatrice Elisabetta, e la protezione dell'Augusto - Signore Nostro. Ferdinando IV, Re – Per diritto di Patrocinio rivendicava per sé An. 1878 – Ricostruì dalle fondamenta nell'anno 1778 — Essendo stato infatti originariamente eretto nell'anno 1503 - Consacrati e poi ridotto a rovina dopo il 1643 – per i successivi sommovimenti tellurici del 1644 e dell'anno 1731 - Crollato e restaurato - In attesa dell'ultima mano - Ordo Populusq. Cavensis - Lo stesso denaro pubblico che lo sollevò e lo ricostruì - Raccolto, come altre volte dai suoi Papi - In opera di simboli - Infine coprì l'Assoluto - Tutto fu ripulito dall'antico squallore - Decorato con pitture e opera d'albarium - In questa nuova e più splendida forma - Si preoccupò di ridurla - An. 1801].

VI.

Avvertimenti per l'insegnamento del latino di Gennaro Vico[352]

Essendo il ragazzo, siccome si scrive, di talento, e che promette di sé liete speranze, sia cura del dotto ed avveduto Maestro non immergerlo troppo ne' rudimenti di grammatica, li quali poi dovrà dediscere; ma sopratutto esercitarlo nelle coniugazioni, e declinazioni. e nei principali precetti della sintassi; e tutto il di più farglielo apprendere dall' interpretazione de' scrittori latini, essendo grandissima la distanza del parlare de' grammatici dal parlare de' latini : questo basti, che nello spiegare lo scrittore latino gli facci fare in ogni membro una minuta analisi dello parti che lo compongono, e non lasci passare neppur la menoma particella senza spiegargliene la proprietà e la significazione; e nella ripetizione farsene render conto. Di poi quel tratto che ha spiegato, obbligarlo a riportarlo in iscritto tradotto, acciocché il fanciullo di buon' ora si avvezzi a ben concepire, a nobilmente spiegare le idee, non essendoci esercizio più profittevole per la gioventù quanto quello delle traduzioni: poiché, avendo il giovane [da] trasportare da lingua in lingua, od
avendo ciascuna lingua un genio particolare di concepire, e quindi spiegare le idee, egli è costretto di riflettere ed esaminare la maniera propria con cui lo scrittore latino ha concepito, e quindi spiegato quel pensiero, per poi studiarsi di concepirlo o di spiegarlo secondo il gusto particolare della sua lingua natia; e questo è quello che si chiama spirito di lingua, che rende l'acquisto di una lingua tanto

---

192

difficile, che vi bisogna la vita di un uomo, per poterla conseguire; dovendosi la diversità de' termini o dei vocaboli riputare più tosto un giuochetto di memoria. Quindi si rileva quanto vantaggio rechi ad un giovane il continuo esercizio dello versioni, che, oltre al conseguire lo spirito della lingua da cui trasporta, senza accorgersene acquista e la norma di saper con naturalezza ordinare li pensieri, e quindi saperli con felicità concepire, e quindi con nobiltà e chiarezza spiegarli, consistendo tutta la difficoltà nel concepire. Un pensiero felicemente concepito, sarà sempre facilmente spiegato:

Verba provisam rem non invita sequuntur.

Onde Cicerone disse: *Optimus dicendi magister stylus.*
Sento che sia esercitato nel tradurre Cornelio Nipote e Virgilio. Perchè due scrittori cosi vicini per l'età in cui fiorirono, o cosi lontani per il genere in cui scrissero? Non istimo proprio ad un ragazzo, che appena sta imparando il volgar latino, metter in mano Virgilio, che corno poeta, studia di allontanarsene quanto più può, secondo quel detto di Cicerone, *pöetæ alia lingua loquuntur*. E l'istesso che se, per far apprendere ad un oltramontano la nostra volgare lingua italiana, si mettesse in mano Petrarca, Tasso, Ariosto. Li poeti, perchè *alia lingua loquuntur*, devono riserbarsi all'ultimo. Il giusto metodo d'istituire la gioventù nello studio della lingua latina sarebbe farle prima apprendere la lingua volgare e familiare latina, e per questa dovrebbesi ricorrere alli purissimi due fonti inesausti di essa. Plauto o Terenzio, essendo gli argomenti delle comedie avvenimenti che si raggirano nell'uso della vita privata ; ma non si deve, por far apprendere la purità della volgar lingua, esporre la

gioventù al pericolo di corrompere la purità de' costumi, che è quel che più deve interessare. Si eviti questo scoglio e si sostituiscano l'*Epistole familiari* di Cicerone, li di cui argomenti si versano presso a poco sull' istesso: ed ecco cho il giovane acquista il sermone volgar latino.

Spedito che sia il giovane nell' acquisto della lingua volgare privata, mettergl'in mano gli elegantissimi *Commentari* di Giulio Cesare, ne' quali acquisterà la lingua pubblica, tanto necessaria per le arti della pace e della guerra; ed in essi la conseguirà nella sua somma purità e chiarezza, e tale e tanta, che ne riportò il grando elogio di Cicerone, che parlando de' *Commentari* di Cesare, dice, che egli li lasciò, perchè poi ci fosse stato chi potesse scriverne l'istoria: ma poi soggiunge: *stultis gratum facere potuit*, perché gli uomini dotti ed avveduti disperarono poterne scrivere una storia con quella limpidezza o eleganza, con cui Cesare scrisse li suoi *Commentarj*.

E Virgilio fu il solo tra i latini che non solamente sostenne, ma ancora rivendicò la gloria del nome romano contro la superbia de' disprezzanti Greci, che solevan distinguersi da tutte le altre nazioni; e ciò con qualche ragione in rapporto alla felicità della lor lingua. Il qual pregio li Romani stessi, che chiamavano barbara la maestosa lingua latina quante volte volevano metterla al confronto della greca, con somma ingenuità il confessarono, come fra gli altri attestati ve n'è quello di Plauto nella commedia intitolata *Asinaria*, ove fa dire al Prologo, chel'autore di quella comedia era stato Demofilo, poeta greco, e che M. Accio Plauto l'aveva tradotta in latino: *Demophilus scripsit, Marcus vertit barbare*, cioè *latine*. Così, al contrario, di rimbalzo li Romani poterono rivendicare la gloria del loro nome con opporre a tutta la Grecia il solo Virgilio, che tutta la Grecia non aveva prodotto un ingegno cosi stupendo e quasi divino, il quale *feliciter audax* era riuscito egualmente ammirabile in tutti tre li caratteri del dire, nel tenue ed umile nelle sue *Bucoliche*, nel florido ed ornato nelle *Georgiche*; nel grande e sublime nell'*Eneide*: e Torquato Tasso ardi d'imitarlo e riuscì felice in due solamente: essendo costante in tutti li scrittori di qualunque genere sieno, che chi è riuscito in una delle tre note, non è riuscito nelle altre due; e così a vicenda: ed in fatti nella pittura, — la quale è sorella della poesia:

Pöema est pictura loquens, mutum pictura pöema, —

li principi delle tre famose scuole, che fecero risorgere tanto felicemente la pittura in Italia, Raffaello d'Urbino nel carattere tenue o delicato, Tiziano nel complesso e carnuto, Michelangelo Buonarroti nel robusto e lacertoso, ciascuno non uscì fuori dei confini che si aveva prescritti.

Non dico poi di Orazio, il quale nelle sue liriche non solo tentò di gareggiare con Pindaro; ma si foggiò una forma di dire tutta nuova e tutta di conio suo così inimitabile, che dopo di lui fiorirono tra i latini molti nobili poeti, ma niuno osò scrivere in quel genere di poesia, in cui Orazio *summum tetigerat*: così inimitabile che può dirsi, che egli fu il primo e l'unico che vi fosse riuscito.

Finalmente, per ritornare all'intento, e render la ragione perché li poeti debbano riserbarsi all'ultimo, essendo la loro locuzione lontanissima dalla volgare, intendendo di escludere in rapporto della locuzione li poeti comici, li quali solamente sono poeti riguardo all'invenzione della favola; imperciocché per quel che s'appartiene alla locuzione, devono usare una locuzione affatto volgare, come sopra si è detto.

Poi farlo passare alla lezione di chi cerca di elevarsi un poco al di sopra del sermon volgare, ed a questo primo grado subentra la locuzione oratoria, la quale, quantunque devo conformarsi al senso comune, nulla di meno deve usare una maniera di ragionare più culta e più elaborata, in guisa però che facciasi intendere dall'uom volgare; quindi passare alla lezione delle *Orazioni* di Cicerone.

Spedito che sarà il giovane degli oratori, passi alla Storia, la quale usa una locuzione posta in mezzo tra la locuzione oratoria e la locuzione poetica, perchè lo storico ha da far due parti in commedia, le parti di oratore, nelle allocuzioni, che fanno generali all'eserciti, magistrati a popoli, come sono ammirabili quelle di Livio; ed ha da sostener le parti di poeta nello descrizioni di battaglie, di assedj, di espugnazioni di città; onde Cicerone dice, che *in historia funduantur verba prope pöetarum*: non assolutamente poetiche; ma *prope pöetarum*. Finalmente far passare il giovane alla lezione de' poeti, la di cui locuzione è lontanissima dalla volgare, perchè, siccome devono dilettare colla novità delle favole, cosi ancora, colle novità della locuzione, dall ammirazione delle quali novità nasce il diletto: usano nuove forme di dire che inebbriano l'anima di piacere; richiamano in uso voci antiche o disusate, lo quali, perchè disusate, chiamate in uso, sembrano nuove; adoperare voci straniere, le quali come le mode straniere sogliono dilettare; o ciascuno si foggia un nuovo genere di dire: ed ecco quel di Cicerone, *pöetæ alia lingua loquuntur*. E questo sarebbe il metodo profittevole alla gioventù nella lezione de' scrittori latini...

VII.

Lettera di Silvestro Finamore a Gennaro Vico.

Ill.mo Signore, Signore e Padrone Col.mo,

Contestando la vostra favoritissima de' 12 andante con quella semplicità di espressioni e veracità di sentimenti che inspira la la fama de' vostri rari talenti e della vostra [mo]destia [353] ; mi fo un dovere di ringraziarvi distintament[e delle] gentilissime espressioni, onde ad onta del mio de[bole ingegno?] mi onorate. Quindi protesto le mie indelebili (…) zioni alla vostra generosità che si compiacque (…) non solo di compatire una mia memoria sull[e antichità di questa mia patria, rimessavi dalla R. Accademia, ma] anche di considerarmi non indegno di esservi aggregato. Allora io non seppi qual ne fosse stato il degno censore, mentre ne ottenni la patente di socio nazionale; ma colla pubblicazione che nel 1798 fece il dotto segretario Napoli-Signorelli del primo tomo del *Regno di Ferdinando IV*, pag. 381, dove rilevai che vi compiaceste fare alla stessa memoria varj commenti e proporre alcuni dubbj da sciogliersi da me medesimo, mi cadde il pensiero di leggere le vostre erudite riflessioni ed approfittarmene pria che si pubblicassero negli atti della R. A. Questo medesimo desiderio, anzicchè mancare, mi si avanza di più in più, dopocché ho acquistata la vostra padronanza, e vi prego quanto so e posso di rimettermene una copia, giacché non sappiamo quando si potranno riaprire le adunanze

---

[353] Supplisco, quanto è possibile, quel che manca per uno strappo dell'autografo.

accademiche. Son sicuro che vi compiacerete di soddisfare queste mie premure, e compatirete il mio ardimento con quella urbanità che è propria d'un animo grande.

Veramente da una medaglia urbica disotterrata qui anni a dietro, del peso di una libra di bronzo, col epigrafe greco ANΞANON, e nel rovescio ΦP, si conosce che il nome poi latinizzato di *anxanum*, sempre identico a questa città, sia di origine greca; ma non saprei donde derivi la sua vera etimologia. Fatemi grazia d'illuminarmi su tal particolare, scusando sempre la mia impertinenza. Ai maestri di filosofia si dee sempre ricorrere in simile rincontro.

Volendomi onorare di vostri graditissimi comandi non meno de' vostri caratteri, vi prego di derigermi le vostre lettere per la posta, e di significarmi se per la stessa possa diriggervi a dirittura le mie.

Sono intanto con la più perfetta stima e divozione

di V. S. Ill.ma

Lanciano li 22 giugno 1804.

Div. obblig.mo Serv. Vostro
Silvestro Finamore[354].

FINE

---

[354] Dall'autografo esistente fra le carte Villarosa.